documentación generativa

documentación generativa

Un ARTE SOCIAL del SIGLO XXI

Kelvy Bird

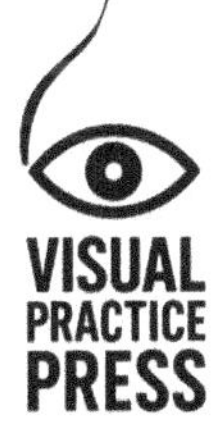

Amherst, Massachusetts

Visual Practice Press
270 Market Hill Road
Amherst, MA 01002 USA
info@visual-practice.com

ISBN: 978-0-9997179-3-6

Primera edición en español, segunda impresión

Diseño de portada: Reilly Dow

Maquetación: Adaptación del diseño de Thais Erre Felix y Ricardo Gonçalves

Ilustraciones y fotografías: Kelvy Bird, salvo que se indique lo contrario.

Para versiones digitales en alta resolución de las imágenes del anexo, visite: www.kelvybird.com.

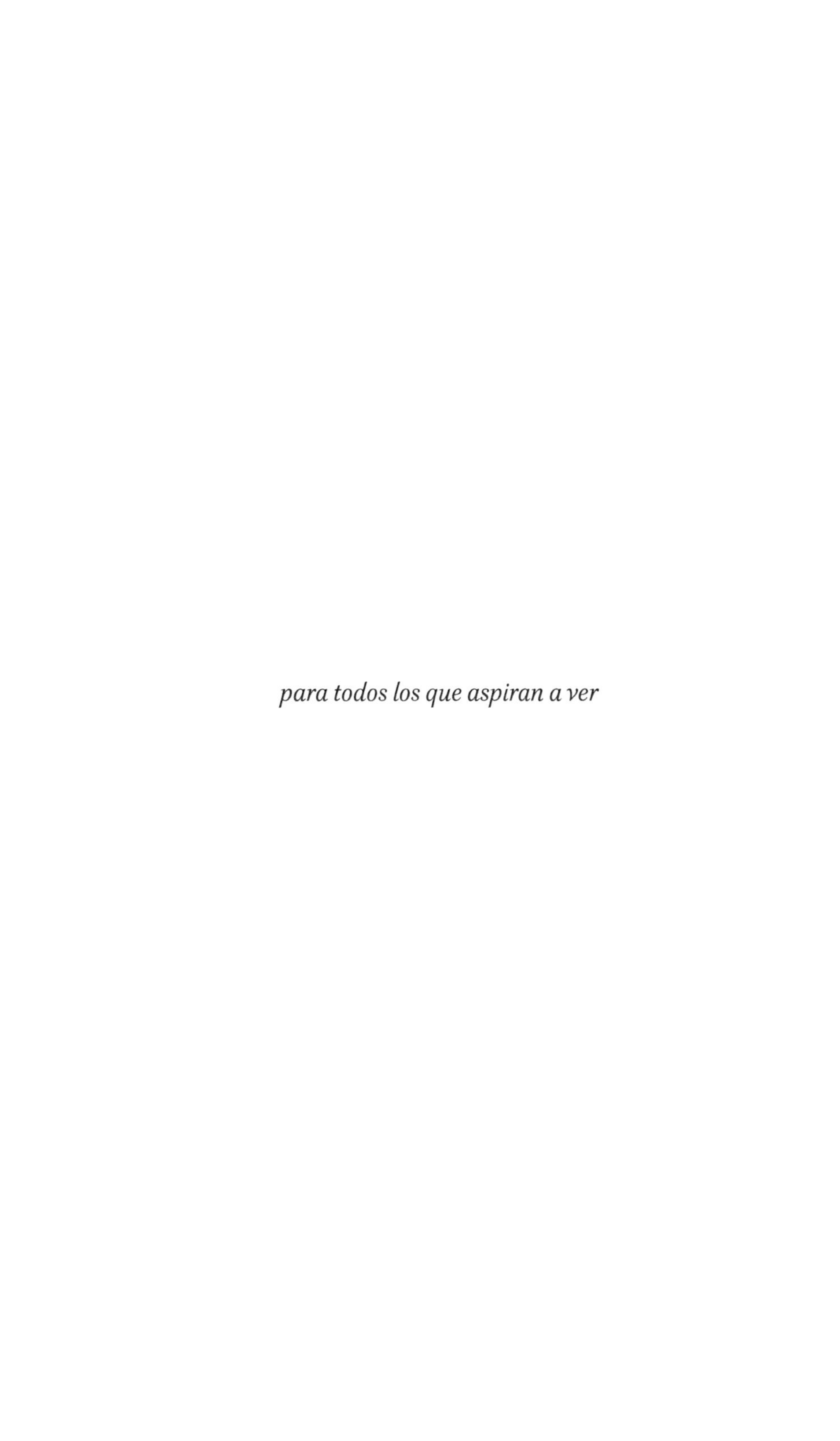

para todos los que aspiran a ver

contenido

nota del traductor

Traducir este libro fue un placer y un desafío. El placer de leer lo ya leído en inglés y sentir en el cuerpo las ideas. El desafío de encontrar la mejor manera de expresarlas en español para que los lectores entiendan las sutilezas de la práctica y las ideas que Kelvy, con tanto cuidado, plasmó en su libro.

La documentación generativa permite ver y sentir la energía del campo. Kelvy con sus dibujos traduce a imágenes lo que muchos sienten pero no pueden ver. Lo que está queriendo visibilizarse en un momento dado. Con este texto, nos ofrece la posibilidad de conocer su método y nos invita a seguir construyendo la práctica juntos.

Los traductores con nuestras palabras nos transformamos en canal a través del cual ideas, procesos, sensaciones se transmiten entre idiomas y culturas. Ayudamos a que los mensajes y saberes de una cultura, idioma, tiempo particular puedan ser recibidos y explorados por otros. Un libro puede viajar y llevar ideas, vivencias, emociones y trazos a lugares donde no llegarían de otra manera. Las imágenes creadas a través de la documentación gráfica también pueden viajar, cruzando brechas de tiempo, geografía y cultura. El primer lenguaje escrito de los seres humanos en muchos casos es el dibujo, que precede a las letras y el texto en nuestro desarrollo.

Las técnicas descritas por Kelvy son muy similares a las que usamos al traducir entre lenguas. En el proceso de traducción de este libro se sumó el placer de poder conversar para encontrar la mejor manera de expresar una idea en diferentes variedades de español. El lenguaje y nuestra práctica como escribas están en constante evolución. La traducción nos pide habitar el texto, digerirlo, verlo desde diferentes puntos de vista, navegar por ambigüedades y múltiples posibilidades. La traducción también pide pausas, tiempo para dejar descansar el texto, y volver a leerlo después. Implicó en nuestro caso un encuentro desde países diferentes, con un texto, la autora, y la comunidad de práctica más amplia de la documentación gráfica.

La segunda palabra del título, *scribing*, quizás fue la más difícil de traducir. Es lo que hace un escriba, pero no solo es escribir. ¿Cuál es el papel de un escriba? Es un rol antiguo, ancestral, de documentar a mano y ser testigo de procesos sociales. Aportar a la memoria colectiva, al mismo tiempo que formamos parte de ella. Esta práctica no empezó en la modernidad del Norte Global, sino que tiene raíces profundas y precoloniales en latinoamérica, como por ejemplo los *tlacuilos* en México (K. Morales, comunicación personal, 6 de mayo de 2021).

Al proceso de traducción de este libro se sumó el privilegio de poder trabajar en un equipo multicultural: Reilly (canadiense y trabaja como escriba en español en México), Andrea (argentina y traductora e intérprete) y luego con Maga (chilena, traductora del libro de Teatro de Presencia Social de Arawana Hashashi) para encontrar la mejor manera de expresar una idea en diferentes variedades de español.

Este libro es un llamado y una invitación. Nos enseña que lo que hacemos como escribas no solo es tomar apuntes como personas ajenas observando una situación o un sistema social, sino que somos parte, y tenemos una gran responsabilidad con las personas, comunidades y todos los seres vivos, más allá de la sala de juntas. Al mundo, al pasado, al futuro, al potencial colectivo. Kelvy nos pregunta, ¿qué podemos ayudar a visibilizar, a través de nuestro cuerpo, que de otra forma no sería visible?

Este momento, de tanta urgencia, polarización, complejidad y crisis, nos pide tomarnos el tiempo de ver, observar, escuchar.

¿Cómo podemos apoyar a los intercambios y procesos que necesitamos en este momento histórico, para la acción que se requiere para nuestra sobrevivencia y bienestar colectivo? No va a ser consenso. No va a ser una sola versión. Pero sí tenemos que encontrar formas de entendernos, humanizarnos mutuamente, y tomar decisiones éticas para el futuro de toda la vida en este planeta. Para eso la creatividad y el arte son esenciales.

¿Para quién es este libro? Para cualquier persona de habla hispana en cualquier parte del mundo, interesada en ver.

Ahora el nuevo desafío es del lector: explorar las posibilidades de la documentación gráfica generativa en nuestro propio idioma. Los invitamos a seguir sintonizando con lo que busca ser visto.

—Reilly Dow y Andrea Fernández

prólogo de Otto Scharmer

En *El nacimiento de la tragedia*, Nietzsche sugiere que su tarea como filósofo era "mirar la ciencia a través de la óptica del artista, y mirar el arte a través de la óptica de la vida". El libro de Kelvy Bird es, en el mundo de la documentación generativa y el arte social, lo que la obra de Nietzsche fue en el mundo de la filosofía: marca el final de una época y anticipa el comienzo de otra.

Conozco a Kelvy desde hace más de veinte años, como cliente, cuando la contraté para que documentara proyectos de mis clientes, como colega (porque co-creamos el Presencing Institute) y como amiga. Y habiendo trabajado con otros escribas, estoy consciente de la importancia del trabajo que Kelvy ha desarrollado junto con sus colegas.

He sido testigo del crecimiento de Kelvy, desde una destacada practicante de documentación gráfica a una verdadera pionera de una calidad totalmente nueva de documentación. En su trabajo, Kelvy traduce en imágenes ideas, conceptos y procesos, escuchando desde un lugar más profundo, que yo llamo la Fuente. El objetivo es que este nivel de conciencia de la Fuente sea más asequible, para "presenciar" lo que busca expresar un grupo o un sistema social, y luego hacerlo visible.

Lograrlo es la esencia de este libro. No es un proceso lineal, significa sintonizar con el campo. Es el arte de permitir que tu mano se mueva y opere *desde* el campo, expresando el conocimiento colectivo, la sensación que aparece en un sistema o en un grupo. ¿Cómo lo hacemos? Abriendo nuestro corazón. Y cuando tenemos suerte, nos conectamos con el colectivo abriendo también sus corazones. El resultado es una visualización de huellas colectivas que funciona como un espejo que los grupos pueden utilizar para mirar su propio trabajo y sus recorridos desde una nueva perspectiva.

Este es el territorio que este libro investiga y explora como disciplina emergente. Es relevante no sólo para los escribas que quieren que su práctica evolucione para hacer *documentación generativa*. También es relevante para otros artistas sociales, facilitadores y profesionales de la presenciación[1] que quieran perfeccionar su capacidad para activar campos sociales generativos.

Cuando leí la sección "Modelo de práctica" del libro, me llamó la atención que el dibujo integrador de Kelvy parece y funciona en realidad como un ser humano al revés: con la mente abierta en la parte inferior (saber), el corazón abierto en el centro (ser, percibir, unir) y la voluntad abierta en la parte superior (dibujar). El proceso que describe Kelvy comienza en el corazón, continúa con la acción y luego da como resultado un nuevo conocimiento. Entonces, es lo contrario de la sabiduría convencional que nos hace operar de la cabeza a la mano (generalmente ignorando el corazón).

He visto evolucionar los dibujos de Kelvy a lo largo de los años, desde captar mucho a captar sólo la esencia. Cuanto más enfocado es el dibujo, más poderoso es su impacto en mí y en el grupo, y para captar la esencia de una idea hay que tener la valentía de no incluir algunos detalles (dejar ir). La capacidad de Kelvy se confirma de manera muy visible cada vez que veo el impacto de sus dibujos en un grupo. También aprendí como facilitador, que si le paso el micrófono a Kelvy a mitad del proceso y al terminar, ella suele captar las tonalidades y los sentimientos más profundos del campo mejor que nadie. Por eso ahora, cuando facilito, me asocio con escribas no sólo para que capten lo que se dice sino para activar juntos un campo social generativo.

1 Nota de la Traductora: *"Presencing"* en inglés es una palabra ideada por Otto Scharmer para expresar una forma consciente de estar presente y percibir desde la totalidad. Es la unión de *"presence"* y *"sensing"*, presencia y percepción. En la Teoría U se utiliza como sustantivo una palabra ideada por el equipo de Teoría U en español: Presenciación.

Se ha dicho que la belleza transformaba todo lo que Miguel Ángel tocaba. Al colaborar y co-crear con Kelvy, he comprobado que lo mismo puede decirse de los campos sociales que ella toca. La documentación generativa es un arte social que nadie puede practicar solo. Requiere de un cultivo interior y de un refinamiento que Kelvy domina, y este libro es una guía hacia este territorio más profundo. ¡Que lo disfruten!

—C. Otto Scharmer

agradecimientos

Abro este espacio de agradecimientos con amor incondicional por mi hermano, Matthew Bird. Es cierto que hizo 452 comentarios al séptimo borrador, pero más duradera que las fugaces ediciones de este libro, es nuestra manera compartida de concebir la posibilidad. Hace poco, durante el eclipse solar, fuimos a Walden Pond a hacer un picnic. En un momento decidimos nadar un poco y después de atreverme a cruzar casi la mitad del agua, me di vuelta, vi a Matthew mirándome y decidí superar mi miedo y seguir avanzando. Llegué al otro lado y levanté los brazos en señal de triunfo. Mi hermano, apenas visible, también levantó los brazos. Un punto, solo; dos puntos, una línea.

Agradezco a mi madre, Judith Nichtern, que una vez se arriesgó a pintar un mural de quince metros de altura en un centro comercial, y que muchas veces me enseñó a asumir riesgos y a ser valiente. Doy gracias a mi padre, Harry Bird, que usaba un escarbadientes para tallar elaboradas escenas en setas del bosque, y que me ayudó a desarrollar la curiosidad de buscar el placer en formas y lugares inesperados. Ambos nutrieron mi creatividad desde mis primeros años.

Gracias a todos los participantes en los talleres que hemos dado, y por desarrollar juntos este material durante años con los queridos colegas Aaron Williamson, Alicia Bramlett, Alfredo Carlo, Angela Baldini, Bryan Coffman, Christopher Fuller, Dan Newman, Jayce Pei Yu Lee, Julie Arts, Lili Xu, Lucia Fabiani, Marga Biller, Mike Fleisch, Nico Gros, Peter Durand, Reilly Dow, Ripley Lin, Robert Hanig, Sita Magnuson, Svenja Rüger y otros. Agradezco mil veces nuestras conversaciones y su apoyo a lo largo del camino.

Una profunda gratitud al equipo que me ayudó en etapas clave de la escritura con su generoso apoyo y visión: Aimee Aubin, Brian Jones, Jane Lewis, Nadia Colburn, Robert Smyth y Tamar Harel. Y a JJP por su infinita paciencia y espacio, además de su increíble constancia.

Janet Mowery hizo aportes muy importantes en la corrección de textos y en la revisión general. Su orientación fue esencial en el tramo final de la producción, y le expreso mi más profundo agradecimiento por su ayuda. Thais Erre Felix creó la hermosa portada y el diseño de las páginas.

Mucho aprecio a todos mis viejos amigos de Consensus, la red MG Taylor, la ASE, Dialogos, Value Web, dpict y el Presencing Institute, y a mis nuevos amigos de u.lab. Esto ha sido y seguirá siendo una aventura.

A Eleanore Mikus, que me enseñó a considerar el marco completo de una imagen, y a Barbara Cecil, Beth Jandernoa, Dorian Baroni, Glennifer Gillespie y Peri Chickering, que me abrieron los ojos a la integridad interior. Estaré eternamente agradecida a la tutoría de estas mujeres maravillosas.

De Peter Senge aprendí el poder de la mesura, él fortaleció mi desarrollo y el de la profesión durante muchos años. ¡Todos podemos agradecerle! El entusiasmo y el cariño sincero de Katrin Kaeufer me han animado constantemente en los altibajos de este largo proceso. El libro no es sólo más personal gracias a su aporte, sino que existe impreso en gran medida gracias a su colaboración. Y Otto Scharmer ha defendido el potencial de la documentación generativa desde el principio, con la visión de un agricultor que conoce su suelo y el talento de un astrónomo capaz de mapear las estrellas. Todos los actos creativos se enraízan y se extienden entre estos dos reinos. Así ha sido, y sigue siendo, nuestra colaboración.

Un agradecimiento muy especial a mi querida colaboradora Reilly Dow, a Andrea Fernández y a Maga Meneses, por su apoyo y esfuerzos incansables para dar vida a este libro en lengua española.

Por último, le ofrezco a cada persona que tome este breve libro, una amplia y cálida sonrisa por su interés en compartir un tiempo aquí, juntos.

introducción

Cada uno de nuestros gestos, documentados en una pared o representados en la vida cotidiana, es importante para la conservación y evolución de nuestra especie.

La documentación gráfica, un tipo de gesto, es una práctica visual. Un artista mapea ideas mientras las personas hablan, y pueden ver cómo se despliega una imagen delante de sus ojos. El dibujo establece conexiones dentro del contenido, fomenta las intuiciones clave y apoya la toma de decisiones. Es esencialmente un lenguaje que entrelaza palabras e imágenes para facilitar el aprendizaje en grupo y la memoria cultural.

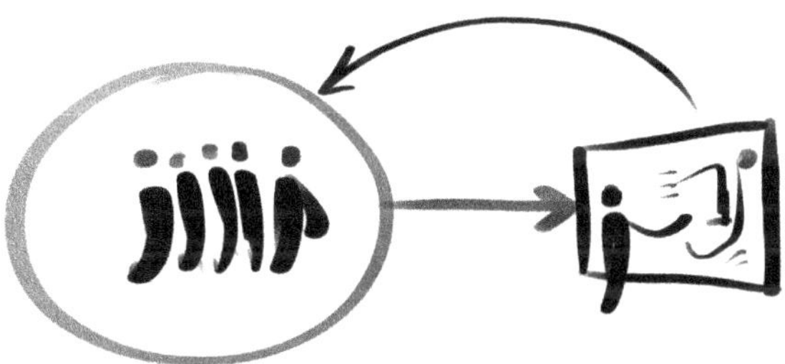

La "documentación generativa" lleva más allá esta disciplina ampliando el alcance del practicante a todo un ecosistema, al tiempo que dibuja en sintonía con la energía. Un escriba generativo presta especial atención a una realidad emergente que cobra vida por y para el campo social en el que se crea. Ningún dibujo existe fuera del contexto del sistema en el que surge, y la comprensión que el sistema tiene de sí mismo es incompleta sin la representación reflexiva y la ayuda que el dibujo ofrece. Es una relación participativa, recíproca y procreativa.

La documentación generativa es una práctica visual única en nuestra época, una forma de arte propia del siglo XXI, que funciona en el momento, más allá de las fronteras culturales y como dispositivo para la visión social.

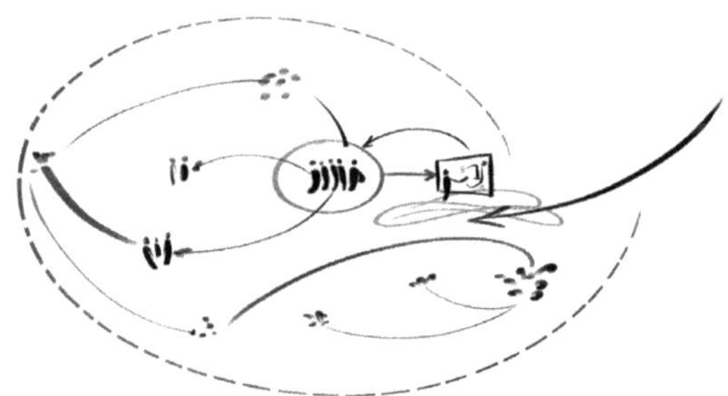

Debido a su naturaleza interactiva y co-creativa, la documentación generativa ofrece una vía de acceso a una forma sagrada de ser, donde el espíritu de nuestra humanidad prevalece sobre cualquier agenda individual. Como los testigos de un eclipse solar en un estanque, que comparten sus lentes especiales y nadan juntos en aguas silenciosas, nuestros espíritus tienen la oportunidad de revivir y ver de nuevo gracias al contexto común. Dibujando en vivo, en un grupo de personas, los escribas hacen visible, tangible, conocida la condición humana. En cierto modo, proporcionamos un escenario, como un estanque, para que se produzca la percepción.

Pero, un momento, ¿qué hay detrás de la documentación generativa?

La documentación gráfica generativa es una práctica visual contemporánea que tiene sus raíces en el Área de la Bahía de San Francisco en California a principios de la década de 1970. Muchas veces se la define como una práctica que hace que lo desconocido se manifiesto a través de dibujos, mapas, diagramas y modelos.[1] David Sibbet, fundador de The Grove Consultants International, dio origen a los términos "Group Graphics®" y al término genérico "facilitación gráfica" para describir métodos que utilizan elementos visuales de forma interactiva para facilitar la comprensión del grupo en contextos organizacionales.[2]

Existen muchos primos de la documentación gráfica, cada uno de los cuales varía ligeramente el enfoque del dibujo en vivo. Uno de ellos es el "registro gráfico", a menudo un medio más literal de emparejar palabras e imágenes, con el objetivo de reflejar y mapear contenidos. Otras derivaciones de la práctica original han dado lugar a términos ahora familiares como apuntes visuales (en inglés, *sketchnoting*), garabatear y hacer mapas mentales, por nombrar algunos, y todos han encontrado usos, mercados y aplicaciones únicos. Y sería imperdonable omitir la intersección con la animación, los gráficos en movimiento, los dibujos animados e incluso la realidad virtual, que han añadido dimensionalidad y acceso a la profesión principal en cantidades alucinantes.[3]

Los practicantes de este campo han aprendido el trabajo en olas generacionales que designo de la siguiente manera:

1. **Años 1970: Creadores de la primera ola** — como Sibbet, Jennifer Landau, y miembros fundadores de Grove Consultants junto con Michael Doyle de Interaction Associates. (California, EUA)

1 Robert Horn, "El lenguaje visual y las tecnologías convergentes en los próximos 10-15 años (y más allá)", ponencia preparada para la *National Science Foundation Conference on Converging Technologies*, diciembre de 2001.

2 David Sibbet, "Una retrospectiva de la facilitación gráfica", http://davidsibbet.com/wp-content/uploads/2016/12/GF-RetrospectiveUpdated.pdf.

3 Andrew Park, el talentosísimo fundador de Cognitive, inventó el ahora omnipresente método de animación con pizarra blanca, más conocido a través de la serie *RSA Animate*, que ha recibido millones de visitas en YouTube. Véase el sitio web de Cognitive: www.wearecognitive.com.

2. **Años 1980: Creadores de la segunda ola** — Jim Channon, Matt Taylor, y Bryan Coffman con MG Taylor Corporation. (Colorado, EUA)
3. **Años 1990: Tercera ola de usuarios pioneros** — aquellos que aprendieron con los creadores y ayudaron a sembrar el campo (EUA), aquellos que empezaron a aplicar la práctica dentro de la consultoría de gestión, cambio organizacional, y organizaciones sin fines de lucro. (+Canadá, Europa)
4. **Años 2000: Cuarta ola mayoría pionera** — aquellos que siguen aprendiendo de las generaciones anteriores de forma directa, empleando marcadores y superficie física en la pared y también empezando a incorporar tecnologías digitales. (+Australia)
5. **Años 2010: Quinta ola mayoría autodidacta** — personas que aprenden sobre la práctica por su cuenta, a partir de libros y videos de quienes surgieron en las cuatro primeras olas. (+Sur y Centro América, Medio Oriente, India, África, Asia)
6. **2017 en adelante: Sexta ola mayoría colaborativa, innovadores, buscadores** — personas que cruzan las fronteras regionales para compartir las mejores prácticas y hacer evolucionar la forma de arte; entretejiendo tradiciones indígenas, de sabiduría y espirituales en las prácticas visuales existentes para aumentar la conciencia en torno al camino de la evolución humana.

Según uno de mis primeros mentores, Bryan Coffman, el uso actual del término *scribing* en inglés (en español, documentación gráfica) se remite por lo menos a 1981, cuando a los trabajadores del conocimiento que dibujaban en las paredes durante sesiones colaborativas se les llamaba "escribas de pared".[4] Como él mismo explicó en una ocasión, "los escribas en Egipto documentaban la verdadera historia de lo que ocurría. Su palabra para ese papel era *Sesh*".[5]

4 "Documentación generativa en la pared: Uno o dos integrantes del equipo gráfico escuchan la conversación y dibujan lo que oyen. Es una forma de retroalimentación instantánea y traducción visual para los participantes". *DesignShop Staff Manual*, Athenaeum International, versión 3.3 (Boulder: MG Taylor Corporation, 1991), p. 37.

5 Donald Frazer, *Jeroglíficos y aritmética de los antiguos escribas egipcios: Primera versión*. "La profesión que se asocia primero con la diosa Seshat es la fuente de la palabra egipcia 'Sesh', que significa escriba."

Según Wikipedia, Seshat era la diosa de la sabiduría, el conocimiento, y se le atribuye la invención de la escritura. "Por lo general, se la muestra sosteniendo un tallo de palma, con hendiduras para indicar el paso del tiempo... También se la representaba sosteniendo otras herramientas y, a menudo, las cuerdas anudadas que se tendían para medir terrenos y estructuras".

Me parece fascinante, teniendo en cuenta que el papel actual del escriba se superpone directamente al significado original. Marcamos el paso del tiempo y delineamos la estructura dentro y para las culturas, aunque con nuevos métodos. Cada dibujo mapea un territorio que estamos ayudando a que sea comprendido por un cuerpo social, ya sea la estrategia comercial de una empresa, el desarrollo de las tierras públicas de una ciudad o el traslado de una familia a un nuevo país.

Las pinturas rupestres prehistóricas también servían para registrar y trazar la presencia y actividad de las especies. Las ruedas medicinales de los pueblos indígenas de norteamérica, los mandalas de arena del budismo tibetano y la influencia del tiempo de los sueños en el arte indígena de Australia —junto con muchos otros formatos visuales antiguos y contemporáneos co-creados— incluyen un enfoque espiritual del arte social, reconociendo la conexión entre los seres humanos y la fuerza vital que nos rodea.

Me he inclinado por el término "escriba" para definir lo que soy y lo que hago porque me remite a algo primordial, algo que parece atemporal y duradero, algo que brinda un servicio que va más allá de cualquier ciclo vital.

Los escribas sirven de soporte artístico para la visión compartida y la navegación humana.

Los escribas representan información, de la forma más neutral posible, para crear artefactos vivos. Dibujamos, documentamos digitalmente el trabajo, nos desprendemos de las piezas originales y las entregamos a los clientes; a veces incluso limpiamos nuestras superficies de trabajo inmediatamente después de que un grupo termine su conversación.

El proceso es efímero. Las imágenes digitales finales llegan a los teléfonos inteligentes de las personas, a documentos, son reimpresas como carteles, en informes, en exposiciones en bibliotecas y como folletos para quienes no estaban en la sala durante la realización de la obra.

Pero el artefacto físico es sólo un eco del valor principal, que es la reflexión y conexión colectiva con la fuente en el momento. En el proceso de elaboración de estos artefactos, un grupo puede ver el rumbo a seguir, encontrar su dirección. Por tanto, la función del escriba consiste en generar una mayor visión, hacia la acción.

La documentación gráfica es una forma de arte social inherentemente participativa.

El pintor Wassily Kandinsky veía el arte como un dispositivo liberador que podía dar vida a la vida interior a través de la línea, la forma y el color.[6] La documentación gráfica, que va más allá de un plano bidimensional abstracto, activa la vida interior del campo social, el territorio invisible —pero sentido— de la interacción humana.

Históricamente, la creación artística en dos dimensiones ha sido un acto creativo privado y protegido. Los artistas pintan cuadros, normalmente solos en un estudio, basados en su realidad. A veces los cuadros se exponen, se compran, se muestran en una casa o en un lugar público y se contemplan. A veces dan pie a una conversación.

6 Wassily Kandinsky, *Sobre lo espiritual en el arte* (Londres: Dover Publications, 1977), reeditado del original El arte de la armonía espiritual (Londres: Constable and Company Limited, 1914).

La documentación gráfica, como arte social, es una actividad expuesta, presenciada y dependiente de la interacción que sólo sucede dentro de un grupo de personas. Da forma a la condición humana de manera orgánica, al ritmo de lo que quiere ser expresado y visto. No depende del punto de vista de un artista, sino de la contribución de muchos puntos de vista que confluyen en el acto creativo.

Cuando trabajo en una pared con un público-participante a mi espalda, el compromiso es tanto con su contenido como con su energía.[7] Al responder a lo que oigo y percibo de forma inmediata, en directo, frente a un grupo, lo que creo puede asimilarse rápidamente a la conversación. Así, a través de su reflejo, el dibujo tiene el poder de influir y transformar inmediatamente la forma de pensar en un salón.

Existe un bucle de refuerzo entre el dibujo real y la forma en que se recibe el dibujo; el bucle amplía la comprensión de las personas que comparten la sala y, por tanto, amplían su sentido de la posibilidad (Ver anexo, Figura 1).

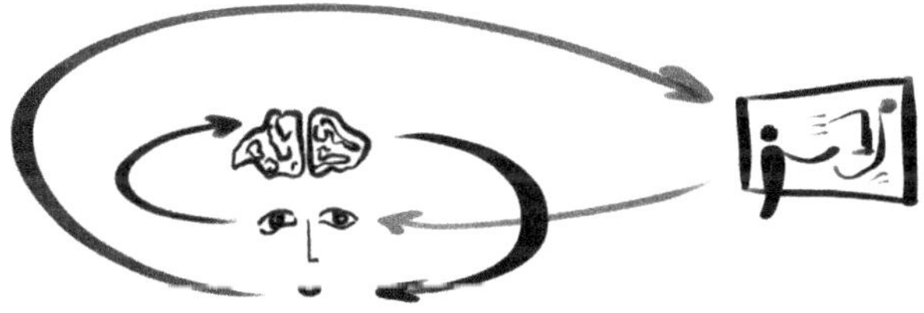

Este arte tiene vida sólo porque existe un deseo comunitario de crear sentido. Alguien, o un equipo, ha decidido recurrir a un escriba para ayudar a la gente a ver de qué están hablando.

7 Suelo referirme a quienes se acercan a las obras de arte como "público-participante" para ayudar intencionadamente a pensar en el público no como receptor pasivo de la expresión de un artista, sino como protagonista activo de la creación de la obra.

Lo que toma forma a través de la mano del escriba es el contenido que se pretende transmitir, ni más ni menos. Lo que se plasma en una superficie —por muy bien pensado que esté— es lo máximo que un sistema puede alcanzar en ese momento. Refleja una porción de tiempo.

Los marineros atraviesan la niebla a una velocidad que les permite oír el sonido de las boyas que guían su camino. Los quiroprácticos ajustan el cuello dentro de los límites de la movilidad vertebral de la persona. Sólo podemos movernos a la velocidad que nos permiten las condiciones, dentro de un rango de disposición. Los escribas sintonizan esos límites y siguen ese movimiento.

Escucho. Dibujo. Ves. Hablas. Escucho y dibujo, tu ves y hablas. Tú ves yo escucho tú hablas yo dibujo. Tú hablas yo dibujo nosotros vemos nosotros escuchamos. Así se siente. Es fluido.

La documentación gráfica ofrece una manera relacional de ver.

En 1933, el teórico del color Josef Albers llegó al Black Mountain College de Carolina del Norte sabiendo pocas palabras en inglés, pero suficientes para transmitir su propósito al enseñar: "Para abrir ojos".[8]

Mi propia búsqueda de la relación entre las cosas comenzó realmente cuando leí y apliqué el libro fundamental de Albers, *Interacción del color*, durante una clase universitaria llamada "Color, forma y espacio". El profesor Norman Daly nos desafió: "Demuestren que el color no es independiente". A través de una tarea —colocar dos colores equivalentes cada uno dentro de un área de color diferente, más grande— mis ojos y mi mente se abrieron de par en

8 *Salta antes de mirar: Black Mountain College*, 1933-1957, exposición en el Instituto de Arte Contemporáneo, Boston, MA, octubre de 2015-enero de 2016.

par al ver que el mismo gris aparecía morado frente al amarillo, y luego verde frente al rojo.

Como pintora, empecé a sintonizar las relaciones del color y los objetos en todas partes. Beige contra añil: una polilla, clavada contra una pantalla, en la oscuridad, buscando la luz. La indagación se extendió también a las cosas inmateriales. Ideas enfrentadas (mi punto de vista, tu punto de vista)... ¿cómo representar esas yuxtaposiciones? Personas una al lado de la otra (mi calor corporal, tu calor corporal)... ¿cómo transmitir el campo vibratorio?

En 1995, mientras trabajaba en un proyecto de arte colaborativo en San Francisco, Matt y Gail Taylor —él arquitecto, ella educadora, quienes desarrollaron una metodología para emplear el talento grupal para resolver problemas complejos— me mostraron la documentación gráfica.[9] Me invitaron a participar como pasante en un DesignShop™ para la NASA, un programa colaborativo e inmersivo de tres días para reimaginar el uso de los túneles de viento. Lo que más recuerdo de aquella semana es el impresionante equipo de doce personas, en gran medida autoorganizadas para facilitar la participación de más de cien empleados públicos inquietos y ansiosos de todos los niveles, organizando el espacio, colocando sillas, escribiendo tareas, proporcionando información, explicando conceptos, documentando, filmando, tocando música... y sí, ¡documentando gráficamente! Recuerdo que me sorprendió el papel que podía desempeñar el arte en la formación del pensamiento de grupo.

El espacio en sí amplió mi fascinación por la relación: durante tres días, los participantes escribieron y dibujaron sus conceptos en pizarrones de 6 x 8 pies con ruedas, haciendo que el pensamiento fuera visible para todos los presentes. Gracias a la colocación de estos grandes paneles una al lado del otro, cada uno con ideas

9 Gayle Pergamit y Chris Peterson, *Salto al abismo: Poner el genio del grupo a trabajar* (Hilton Head: knOwhere Press, 1997).

exclusivas de individuos o grupos, de repente vi un formato que ampliaba mi estudio del color a la dinámica de equipo.

Vi una forma de mostrar las ideas de varias personas en un mismo lugar, para estimular la conciencia y la percepción global. La idea de una persona (como un trozo de papel gris) tenía distinta resonancia o disonancia según de quién fuera la idea vecina.

Era como entrar en una catedral llena de mosaicos, donde cada pieza de vidrio de color, aunque única, se pierde en la inmensidad de la creación global. El conjunto de aquellos paneles parecía un lugar de acceso a un nuevo tipo de interacción humana.

El conjunto de las piezas —como colores, como mosaicos, como paneles que contienen ideas una al lado de la otra, como cuerpos en una habitación hablando y escuchando— trasciende la realidad actual conocida.

La sociedad necesita, de manera desesperada, ver.

Al igual que Albers buscaba abrir ojos, yo escribo este libro para ampliar la capacidad de ver. Somos una especie al borde de la extinción si no abordamos y cambiamos nuestros hábitos para revertir las tendencias globales, como el calentamiento climático, las grandes desigualdades y la violencia perpetuada, entre otras.

Puede que este tipo de urgencia por la supervivencia se haya sentido de forma permanente a lo largo de la historia, durante otros ciclos de destrucción o contracción que la humanidad ha enfrentado y causado (la peste bubónica, el Holocausto...)[10] Pero ciertamente este es un momento único en la historia, con una necesidad única de hacer frente a nuestras acciones destructivas, para así preservar la vida.

10 Tobias Stone, "La historia nos dice qué puede pasar a continuación con el Brexit y Trump", 2016, *Medium.com* (https://medium.com/@tswriting/history-tells-us-what-will-happen-next-with-brexit-trump-a3fefd154714).

Con la ayuda de ver, juntos podemos elegir y diseñar más claramente nuestro camino. Nuestros puntos de vista se vuelven compartidos y se pueden resolver de una manera muy diferente que si cada uno de nosotros existiera dentro de su propia esfera individual de comprensión.

Es un momento no sólo para ver a qué nos enfrentamos inmediatamente a corto plazo, sino también para orientarnos con una visión a largo plazo. Es un momento para acceder al potencial positivo que hay en nosotros y en quienes nos rodean, sin pedir disculpas, con decisión.

Es un momento para ver, con los ojos abiertos, con claridad y actuar.

Los grandes desafíos de hoy nos llaman a (re)organizar nuestras dimensiones interiores para responder mejor a las realidades exteriores actuales.

Así que, trabajando desde dentro hacia fuera y analizando mi propia experiencia de los últimos treinta años, propongo la documentación generativa como una práctica que puede contribuir a este gran cambio.

Este libro está dirigido a los escribas actuales y futuros, con la aspiración de ampliar las posibilidades de esta forma de arte y el impacto de nuestros esfuerzos.

También se dirige a un público más amplio, a aquellos cuyos "marcadores" son utensilios de cocina, rastrillos de jardinería, ligas comunitarias, planificación urbana, formulación de políticas nacionales... lo que sea. Sustituyendo palabras como "dibujar" por "cocinar", o "pared" por "mesa", el significado puede trasladarse a una gran variedad de contextos.

Este es un libro para cualquiera que se preocupe por cómo existimos juntos como seres humanos, para cualquiera que quiera explorar su funcionamiento interior, para cualquiera que busque acercarse al mundo de otra manera.

acerca de este libro

Este libro no pretende ser un manual de instrucciones, sino más bien una aproximación a la práctica de la documentación generativa, que considero una disciplina entre otras muchas que pueden ayudar a orientarnos a nivel colectivo.

En las siguientes páginas encontrarán numerosas referencias a pioneros del diseño colaborativo, el diálogo, la dinámica de sistemas, la presenciación y otras tecnologías sociales afines. Trabajar con profesionales de estos campos me ha brindado una oportunidad única de transmitir visualmente sus descubrimientos, al tiempo que comparto una investigación en curso sobre el potencial humano. La mayoría de los dibujos del anexo, a los que hago referencia a lo largo del libro, son fruto de esta colaboración.

A menudo utilizo el término "nosotros" para referirme a mí misma y a mis colegas escribas, así como a las ideas surgidas de las conversaciones que hemos compartido. Al hacerlo, también adopto conscientemente una mentalidad ecosistémica, eligiendo escribir desde un "estado futuro" de mayor conciencia compartida. En otros casos, el uso del "yo" se refiere a mi propia práctica, que puede tender a tener una inclinación espiritual y mística.

Un modelo primario de práctica estructura esta recopilación. El modelo ofrece una perspectiva general y explica los distintos enfoques que han influido en mi desarrollo. A su vez, cada sección aborda un área del modelo. Y en cada área, describo algunos aspectos clave del cultivo interior que sustentan el acto más visible de dibujar.

Cuando documentamos gráficamente, integramos todas estas prácticas en un movimiento fluido. No se trata de una progresión paso a paso, sino de una especie de secuencia de baile, una coreografía de improvisación, que tiene lugar en cada instante de nuestra obra.

El libro se puede leer de la misma manera no lineal. Te animo —lector-participante— a que saltes a tu gusto, marques las páginas y leas con placer. Pasa de largo lo que no necesites hoy. Encuentra lo que resuena y quédate allí.

Que este delgado libro lo reciba como la promesa de una fresca mañana de primavera: brotes en las ramas, bandadas de gansos migratorios sobre tu cabeza, gotas de agua que caen de los témpanos al derretirse, con días más largos por venir.

Absorba todo con facilidad, en el momento justo, con asombro.

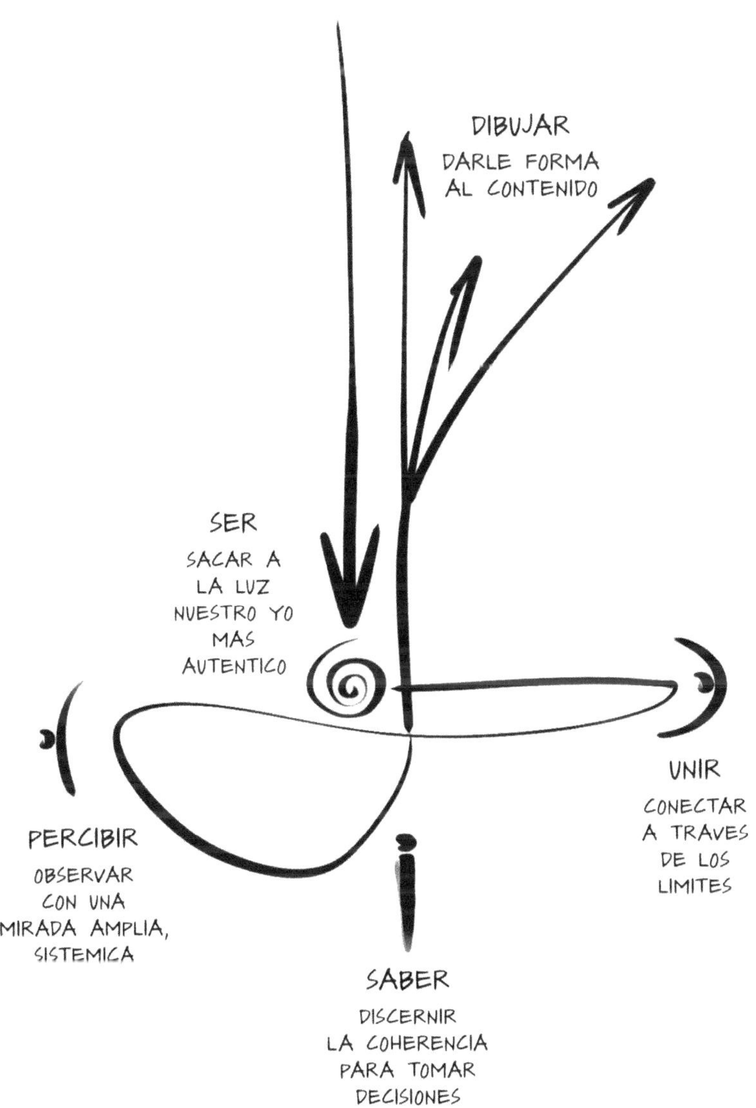
DIBUJAR
DARLE FORMA AL CONTENIDO
SER
SACAR A LA LUZ NUESTRO YO MAS AUTENTICO
UNIR
CONECTAR A TRAVES DE LOS LIMITES
PERCIBIR
OBSERVAR CON UNA MIRADA AMPLIA, SISTEMICA
SABER
DISCERNIR LA COHERENCIA PARA TOMAR DECISIONES

modelo de práctica

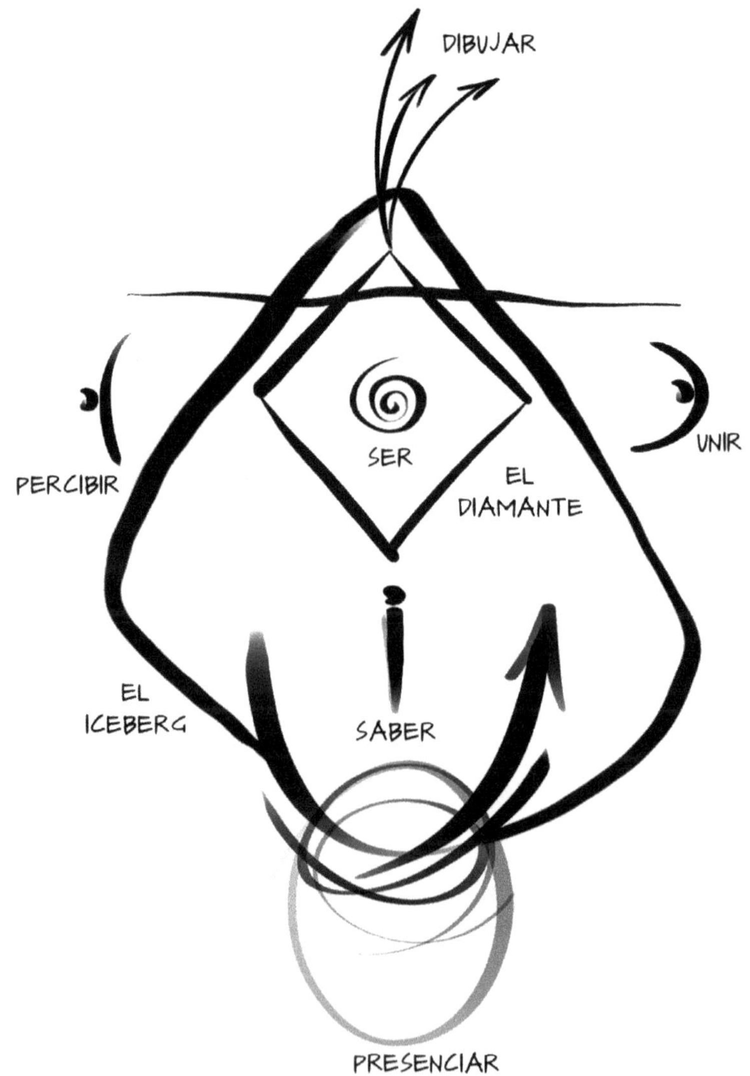
DIBUJAR
PERCIBIR
SER
UNIR
EL
DIAMANTE
EL
ICEBERG
SABER
PRESENCIAR

modelo de práctica

A medida que nos acercamos a la acción, nos preparamos. Tal como no ponemos un pastel en el horno antes de combinar todos los ingredientes, un escriba no dibuja antes de procesar lo que está siendo dicho.

Es un procesamiento rápido que se mantiene en movimiento hasta que se haya dicho la última palabra en el salón. La preparación del escriba ocurre en diferentes niveles, como si estuviéramos haciendo galletitas y magdalenas (o muffins) en secuencia rápida, mientras mezclamos y horneamos.

Este modelo de práctica aborda la coordinación interna necesaria para procesar múltiples datos y dibujar en tiempo real, prestando atención a lo interno y a lo externo al mismo tiempo.

He desarrollado este modelo a través de varios intentos de explicar la documentación gráfica, a lo largo de más de veinte años trabajando con maestros de dinámicas sociales, organizacionales y humanas.

Una forma de explicar lo que hacemos es: "Dibujamos mientras la gente habla." Y en ese "mientras" están los componentes activos de este marco de trabajo: los dominios Ser, Unir, Percibir, Saber y Dibujar. Estos dominios están en un "contenedor", donde la confianza genera seguridad a partir del campo y de la fuente.

En este capítulo describo las tres influencias principales que me han ayudado a dar forma a estos dominios e informan mi modelo:

1. **El Diamante**, para apoyar el posicionamiento y la acción.
2. **El Iceberg**, para ampliar la perspectiva.
3. **La Presenciación**, para ubicarnos en el futuro emergente en relación con los contenedores, el campo y la fuente.

Este pensamiento y este modelo no pretenden quitarle valor a la fortaleza de la mano ni a la importancia de la producción de gráficos ilustrativos. En efecto, ese aspecto de nuestro oficio es crítico; en última instancia, es el lenguaje visual el que se comunica con el público-participante.

En realidad, esta forma de pensar pretende constituir una base para los escribas que quieren aprender y expandir su práctica, para articular mejor aspectos de lo que los escribas hacen, para ellos y para los demás.

Considerando este marco de trabajo, podemos manejar nuestro propio equilibrio de dominios y desarrollo.

Hacemos esto parados delante de una pared o pizarra, procesando grandes cantidades de información, y también entre sesiones, cuando reflexionamos y nos renovamos.

Para quienes no son escribas, las próximas páginas pueden servir como material en cualquier situación de diseño o facilitación. ¿Tienes una conversación difícil con un compañero? Eso requiere suavizar, prestar atención y contener. ¿Quieres entender cómo abordar un problema de otra manera? Enmarcar y reenmarcar. ¿Explorar un nuevo camino profesional? Discernir y visualizar será importante.

Cualquier actividad que requiera intencionalidad consciente puede ser enriquecida con esta guía, tanto para los escribas como para quienes no lo son.

el diamante

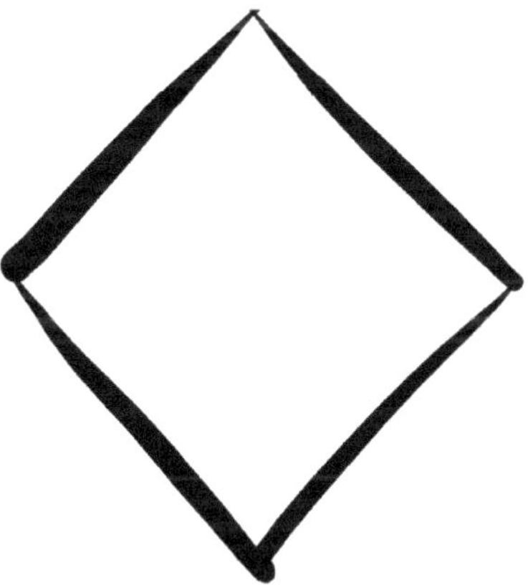

El diamante es la estructura principal del modelo de práctica (y de este libro). Esta forma ha sido utilizada por investigadores en el campo del desarrollo organizacional y humano para anclar comportamientos en el tiempo, para ofrecer una perspectiva sobre dinámicas personales y de equipos.[11] Aprendí las siguientes variaciones en diferentes contextos y siempre me sorprende la profundidad de práctica que posibilitan, especialmente cuando se utilizan en capas, para reforzarse entre sí.

Con todos los marcos de trabajo en forma de diamante, buscamos el EQUILIBRIO para aportar lo que falta entre las partes.

11 Los comportamientos "en el momento" son grupos de acciones dentro de un parámetro, como una presentación o conversación. Difieren de los comportamientos "a lo largo del tiempo", porque estos comprenden condiciones y resultados cambiantes. Escribo más sobre este tema en el capítulo sobre el tiempo.

abogar e indagar

El origen de este modelo del diamante se remonta a Chris Argyris y Don Schön, quienes presentaron "abogar" e "indagar" como ejes primarios, o posturas, que ocupamos en una conversación.
He descubierto que estas posturas son la base de todo lo que un escriba escucha: las personas están, ya sea abogando, es decir, expresando una opinión, reclamando un derecho; o indagando, formulando una pregunta, para la que no existe una respuesta inmediata. Se puede organizar una pared completa de dibujos basándose sólo en estas posiciones.

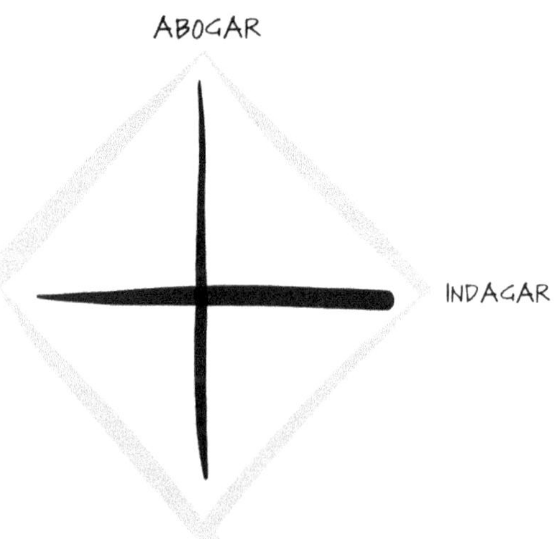

Al facilitar una conversación, intentamos movernos en ambos ejes. Si muchas voces están expresando sus opiniones, intentamos tener la habilidad de invitar a participar otras perspectivas en la conversación. Si un grupo da vueltas en círculos, es importante que tengamos la seguridad suficiente para sugerir una dirección.

Esto también aplica a la documentación gráfica. Si noto que los ejes están asimétricos y sé que la intención del grupo es tener una conversación sana, voy a dibujar lo que falta para generar equilibrio.

Si muchas voces están expresando diferentes puntos de vista ("yo sugiero...", "eso no va a funcionar"), tal vez las escriba todos de igual modo. O, puedo escuchar con atención las pocas preguntas que surgen ("me pregunto si...?", "¿consideraron...?") y las destaco en la pared, eligiendo disminuir la defensa aumentando visualmente la indagación. (Ver anexo, Figura 2).

De la misma manera, cuando un grupo da vueltas en círculo ("no estoy seguro...", "esto no tiene sentido..."), puedo resaltar el flujo, aunque sea circular; O puedo limitar la cantidad de preguntas que escribo y escuchar las pocas voces que ofrecen una solución, para garantizar que sean notadas: "probemos...."

La manera en que representamos la proporción de abogacía[12] e indagación influye sobre la manera en que los participantes-espectadores comprenden su conversación.

Las personas que ven una pizarra llena de afirmaciones separadas se podrían preguntar por la ausencia de preguntas, conexión y espacio. De la misma manera, las personas que sólo ven frases abiertas, flechas que conectan y mucho espacio en blanco podrían querer mayor definición. Otra vez, la posibilidad aquí es representar la abogacía y la indagación mientras se refleja un equilibrio de perspectivas.

12 Nota de la traductora: La palabra "advocacy" en inglés se refiere al apoyo público o la recomendación de una causa o política. Elegimos el sustantivo *abogacía* y el verbo *abogar* en español por su significado antiguo de mediación, intermediación o apoyo.

dinámicas estructurales

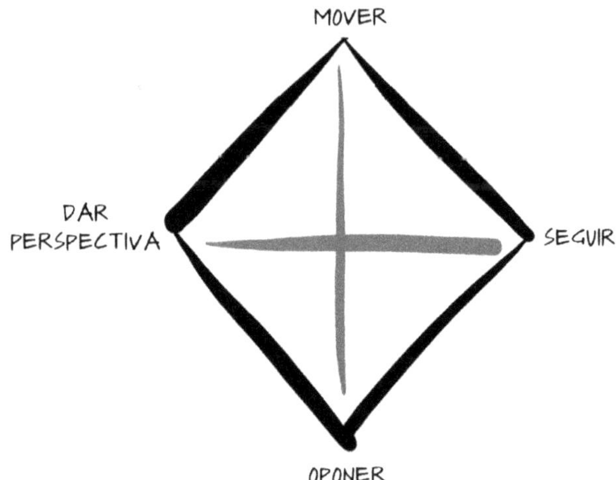

David Kantor, psicólogo sistémico, en sus investigaciones sobre dinámicas familiares llegó a una teoría de dinámicas estructurales que descubren los patrones conversacionales y además utiliza el diamante.[13]

Conocí el modelo de Kantor de los Cuatro Jugadores en Conversación cuando trabajaba con William Isaacs en la consultora Dialogos a fines de los años 90 y principios de los 2000s.[14] Mi rol, durante varios ciclos del programa de un año llamado "Liderazgo para la Inteligencia Colectiva", tenía como fin documentar los

13 David Kantor, *Leer el espacio (Reading the Room): Dinámica grupal para coaches y líderes* (San Francisco: Jossey-Bass, 2012).

14 Ver también William Isaacs, *Diálogo. El arte de pensar juntos* (New York: Currency Doubleday, 1999).

procesos dialógicos en palabras (no mapearlos de manera visual). Esta actividad exigía horas de atención enfocada sobre lo que decían las personas y en qué orden, y ahora influye de manera profunda en mi manera de escuchar.

En el modelo de Kantor existen cuatro acciones, o actos del habla, que se combinan en todas las interacciones verbales:

- **Mover**, para iniciar y marcar la dirección
- **Seguir**, para apoyar y completar una iniciativa
- **Oponer**, para desafiar y corregir
- **Dar Perspectiva**, para ser testigo y ofrecer perspectiva

Existe una gran diferencia entre “Creo que es momento de empezar a planificar para el próximo ciclo.” (Mover) y “Suena bien esa idea” (Seguir) y “Ahora no podemos empezar; el equipo no está listo.” (Oponer) y “¿ya cubrimos todos los temas?” (Dar Perspectiva).

Estas acciones se aplican de manera directa a la documentación gráfica. Al referirnos a las frases mencionadas arriba, podríamos pensar en dibujar una línea de tiempo para Mover. Para Seguir, el símbolo de una persona sosteniendo una línea de tiempo. Para Oponer, un grupo de personas lejos de la línea, mirando en otra dirección. Para Dar Perspectiva, una serie de óvalos vacíos o alguna otra forma que represente necesidad de planificación, entre el grupo de personas y la línea de tiempo.

El Modelo de los Cuatro Jugadores aplicado a la documentación gráfica es una herramienta muy importante para notar las posiciones individuales y grupales.

En cualquier contexto, esta herramienta nos puede ayudar a comprender lo que domina y lo que está ausente cuando una persona habla. Algunos de los que hablan son fuertes Movilizadores u Opositores, pero rara vez cuestionan su propio pensamiento y casi no invitan a la audiencia a comprometerse. De la misma manera, algunas personas hablan largo tiempo para demostrar reflexión, trayendo aprendizaje externo a la sala, pero tienen dificultades para anclar un tema. Y otros tienen un equilibrio de habilidades: presentando un caso, compartiendo el contexto, admitiendo las lagunas del razonamiento, buscando opiniones y manteniéndose firmes en sus convicciones.

Al hacer documentación gráfica para un grupo, durante una sesión o una conversación de planificación, por ejemplo, este modelo también ayuda a revelar patrones de acción y dinámicas de atasco. Por ejemplo, la gente se queda atrapada en el eje de Abogar, en el "punto-contrapunto" (mover-oponer-mover-oponer) o giran en una espiral de inacción como si estuvieran en un "cuarto de espejos" (mover-dar perspectiva-dar perspectiva-dar perspectiva) o sólo consideran su propio punto de vista en "monólogos seriales" (mover-mover-mover-mover) o de manera educada/ciega siguen al líder en "cumplimiento cortés" (mover-seguir-seguir-seguir).

Una vez que nos damos cuenta de una secuencia determinada, podemos escuchar cuidadosamente y dibujar lo que falta para aflojar o para ajustar la estructura. En efecto, en el rol activo de dar perspectiva, notamos cuál es la acción que aparece débil, y la fortalecemos por la manera en que representamos el contenido.

Si tres personas muy movilizadoras hablan consecutivamente, cada una durante cinco minutos, y después una persona hace una pregunta en unos pocos segundos, probablemente tomaría palabras clave de los primeros tres y agregaría la pregunta completa a la imagen.

Si la gente da vueltas y sigue preguntándose por qué algo está sucediendo de cierta manera, y entonces una persona sugiere una acción, yo podría resumir las preguntas en una frase o una imagen, y luego escribir la dirección propuesta con letra más grande, tal vez de un color más oscuro para enfatizar.

Otra aplicación de este modelo es detectar cuando la dinámica del grupo cambia de conductas seriales a un flujo dialógico. En lugar de que cada persona hable desde su propia perspectiva, cada uno empieza a moverse hacia una orientación creativa, aumentando la indagación en el significado colectivo compartido.

Este cambio de flujo sirve para y se fomenta a través de la documentación gráfica. Cuando siento que esto ocurre, empiezo a dibujar una soga integrada de palabras en vez de un solo hilo, y al reflejar esta coherencia, se refuerza. (Ver anexo, Figura 3). De esta manera, el arte es social, ya que el significado que resulta del flujo de palabras es informado directamente por varias personas.

arquetipos de liderazgo

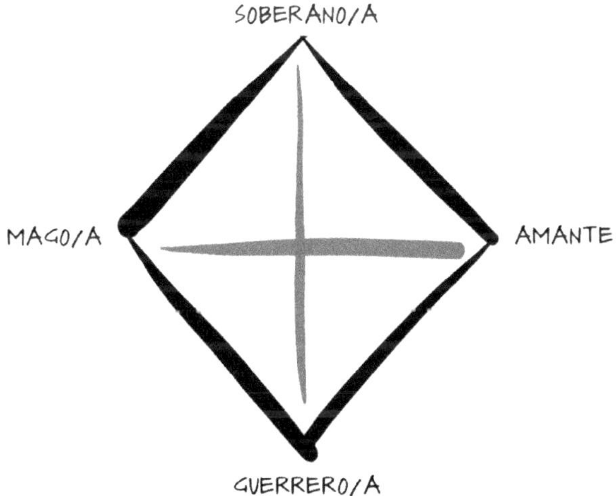

Cliff Barry, con la ayuda de otras personas, fundó el corpus de conocimiento llamado "Trabajo de Sombra" (Shadow Work®)[15] que expande el diamante para abordar el desarrollo personal a través de la comprensión de ciertos arquetipos basados en el trabajo de Carl Jung.[16]

Este es un enfoque muy sutil para incluir en la documentación gráfica, donde los portales emocionales brindan acceso a las diferentes energías:

- **Tristeza**, para acceder al Amante
- **Miedo**, para acceder al Mago/la Maga
- **Ira**, para acceder al Guerrero/la Guerrera
- **Alegría**, para acceder al Soberano/la Soberana

He comenzado cada sección de este libro con un capítulo sobre uno de estos portales, pues la tristeza ayuda a acceder a la unión, el miedo ayuda a abrir la percepción, la ira ayuda a abrir el saber y la alegría nos lleva a dibujar.

En la práctica, si siento que mi corazón se hincha y empieza a latir rápido, si estoy sintiendo ausencia o pérdida, muchas veces me indica que en algún lugar del salón aparece el anhelo de conexión del Amante. Podría hacerlo visible dibujando de manera más fluida, asegurándome de que las ideas se unan para aumentar la calidad de la relación.

15 El término *Shadow Work*® está inscrito en la Oficina de Marcas y Patentes de los Estados Unidos por Shadow Work Licensing, LLC, y se utiliza aquí con el permiso de Cliff Barry y Shadow Work Licensing. (Véase www.shadowwork.com).

16 "Carl Jung comprendía los arquetipos como patrones e imágenes universales y arcaicos que derivan del inconsciente colectivo. Son formas escondidas y autónomas que se transforman al entrar en el consciente, y las personas y sus culturas les dan una determinada expresión." *Wikipedia*, "Arquetipos junguianos." Aprendí la aplicación más profunda de los arquetipos con Barbara Cecil, Glennifer Gillespie y Beth Jandernoa —cofundadoras del Círculo de los Siete— en su programa *Coming Into Your Own*.

Cuando siento que hay mucha confusión o recelo en el espacio, el portal al miedo, trataré de dibujar de manera de identificar patrones, que sea clara sobre los hechos y que presente opciones específicas. Al aumentar la perspectiva, aumenta la energía del Mago en la sala.

Si parece haber mucha frustración, lo tomaré como una señal de que el Guerrero está muy presente; de esa manera me aseguro de notar las decisiones y las preocupaciones. Muchas veces las personas se enojan porque algo les importa. Si nos enfocamos solamente en la emoción, no permitimos el espacio para que surja un punto de vista significativo ni una contribución importante que alguien pueda ofrecer.

Y cuando siento mucha alegría en un salón, es una indicación de la energía de la bendición, de la dirección y de la iniciativa del Soberano, Me aseguraré de incluir la cualidad de expansión que trae esta energía, tal vez escribiendo una frase que comience con algo cómo "Vamos a...." También voy a hacer un esfuerzo para dibujar los próximos pasos de manera concisa, preparando la acción.

Ninguna emoción ni arquetipo es mejor o peor que otro. Cada uno de nosotros es un lente a través del cual vemos de donde viene la gente, y a dónde podrían ir con nuestra ayuda.

El escriba hace un trabajo bastante invisible al aplicar los arquetipos. Muchas veces me pregunto si alguien más en el lugar se da cuenta de lo que está pasando, pero aspiro a equilibrar de manera consciente la pared con la energía de la sala, considerando que una influye y refleja a la otra.

Todas estas influencias —Abogar e Indagar, el Modelo de los Cuatro Jugadores, y los Arquetipos de Liderazgo (y otros que no he mencionado pero son de la misma familia)— sustentan mi interpretación del modelo del diamante.

He tratado de sintetizar y simplificar la terminología usando en el centro las palabras Unir, Saber, Percibir, Dibujar y Ser, para llegar a la esencia de los dominios aplicados a la documentación generativa.

Todos los aspectos del diamante son necesarios para una práctica completa. Cada uno de nosotros es fuerte en algunos y débil en otros. Darse cuenta de este desequilibrio y trabajar sobre él, en nosotros y al servicio de otros, es parte del camino de aprendizaje para el desarrollo profesional y personal.

el Iceberg

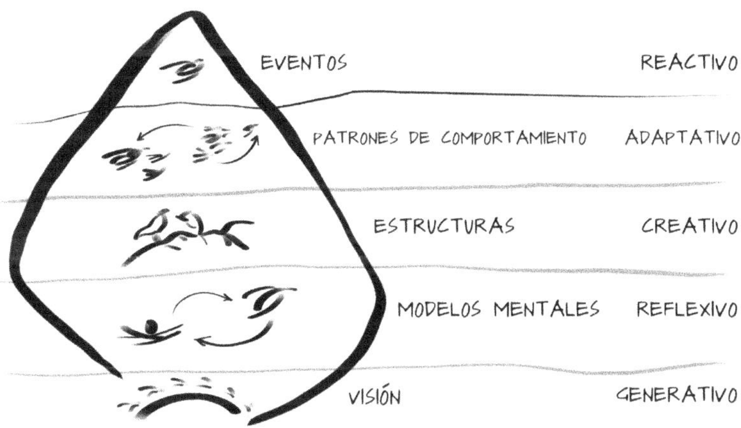

El Modelo del Iceberg, que conceptualmente se superpone al diamante, brinda un lente a través del cual se identifican los puntos de apalancamiento para los sistemas y para las conversaciones que ocurren en ellos.

Edgar Schein concibió este marco de la cultura organizacional a principios de los 80, con tres capas de visibilidad variable: Artefactos, Valores Adoptados y Suposiciones. Peter Senge desarrolló y mejoró el concepto que ahora constituye la piedra angular del desarrollo organizacional en todo el mundo.[17]

El 10 por ciento del iceberg que es visible por encima del agua, representa los eventos y la acción. Esto es lo que dibujamos al hacer documentación gráfica, el artefacto que representa lo que escuchamos.

17 Peter Senge, *La quinta disciplina: arte y práctica de la organización inteligente* (New York: Currency Doubleday, 1994).

La documentación gráfica como arte social necesita este artefacto, esta cosa, ya que representa la co-creación de un grupo y funciona para ayudar a que el pensamiento grupal avance. Si un cuerpo-participante no puede ver lo que está naciendo de sus palabras, entonces no va a poder reflexionar y actuar en base a la comprensión común.

Más aún, el arte social de documentación gráfica requiere que el practicante pueda reconocer patrones, estructuras y teorías en uso, además de detectar el potencial. Esta consciencia nos ayuda a comprender el contexto detrás de cualquier palabra o idea, y revela tanto las condiciones como las aspiraciones del sistema.

La premisa de este libro es que cultivar el 90 por ciento que está debajo del agua es tan importante como lo que el escriba dibuja con su tinta. Especialmente cuando uno considera que la documentación gráfica es un arte social, es esencial ocuparse de las dinámicas que guían el estado actual de interacciones sobre el planeta y con él.

A medida que descendemos hacia la base del iceberg, aumenta el apalancamiento para influir en la percepción social y el cambio sistémico.

Al sumergirme debajo del nivel del agua para ver el 90 por ciento, me gusta pensar en las capas del iceberg de esta manera, de arriba hacia abajo: Patrones de comportamiento, Estructuras, Modelos Mentales y, (para algunos puede haber otra interpretación) Visión. Este orden se correlaciona con modos de acción que son adaptativo, creativo, reflexivo y generativo.[18]

Al comprender los niveles diferentes del marco de trabajo dentro de cualquier situación o dinámica podemos ver —y representar— una imagen expandida de la realidad.

18 Daniel Kim, *Comienza aquí: herramientas de aprendizaje organizacional* (Singapore: Cobee Publishing House, 2009).

Me refiero con frecuencia a estos niveles para guiar mi atención al escuchar. Un paso inicial es diagnosticar desde donde está hablando una persona, un panel, un equipo o un grupo completo. ¿Qué están tratando de lograr? Y ¿cómo puedo, intencionalmente, documentarlo para facilitar el diálogo dentro de su zona de confort y expandirlo si fuera útil?

Trato de documentar desde un nivel por debajo de la realidad actual del salón. Si quien habla describe eventos o habla de hechos, me pregunto qué comportamientos causaron esos eventos. Si un grupo funciona a nivel de la conducta, me pregunto acerca de las estructuras que están en juego.

Este proceso de pensamiento ocurre principalmente en mi mente y no necesariamente es visible en el dibujo. Pero creo que, prestar atención de esta manera, puede profundizar la conversación general y permitir que surjan aspectos del pensamiento y de la conexión que posiblemente no eran tan obvios al inicio, o incluso, que eran desconocidos.

El uso del Modelo del Iceberg al escuchar y dibujar, es una de las prácticas que puede cambiar la posición del escriba, desde"tomar notas visuales" a "una facilitación gráfica" y de allí a la "documentación generativa".

Para trabajar con una realidad futura emergente, no sólo tenemos que reflexionar sobre lo que está siendo dicho —lo conocido— sino que también, nos involucramos en el descubrimiento colectivo *con* el sistema en el salón.

Aquí pueden ver un desglose del modelo aplicado a la práctica visual. Recuerden que lo estoy describiendo de arriba hacia abajo. Sin embargo, los dibujos incluidos en el anexo, siguen el orden de una presentación hecha con otra secuencia (Estructura, Patrones de comportamiento, Eventos, Modelos Mentales y Visión). Hice esta imagen para mostrar como tengo en mente este modelo mientras dibujo y conecto los conceptos.

Los **Eventos** son como datos, acontecimientos reales que vemos, por encima de la línea metafórica del agua, es como notar el vuelo de un pájaro solitario.

En el mundo de las palabras habladas, pienso en los eventos como notas individuales: palabras o frases, afirmaciones, ideas, comentarios, partes que se combinan para contar historias y pueden ser representadas a través de imágenes individuales, como los óvalos de la Figura 7 del anexo. Este ejemplo, y los que siguen, vienen de una simulación climática que realizó el profesor John Sterman, director del Grupo de Dinámicas Sistémicas del MIT.[19]

Los **Patrones de comportamiento** representan las partes móviles dentro de las estructuras. Por ejemplo, una bandada es una formación basada en la necesidad de trasladarse al sur en invierno, podemos buscar patrones similares a los de una bandada, en el contenido y en la manera en la que hablan las personas. En la figura 6, Sterman describe el aumento de las emisiones de CO_2 que llevan a la acidificación del océano, la elevación del nivel del mar, el estrés hídrico y la sequía.

La **Estructura** muestra cómo se relacionan las piezas de una imagen para apoyar y guiar un comportamiento. Las conexiones a través de brechas se hacen evidentes, y es el escriba quien las organiza en un órden que las personas puedan percibir.

No buscamos un pájaro; buscamos dos, tres, cuatro, cuarenta pájaros y después nos preguntamos qué es lo que los mantiene juntos.

19 Ver simulador de políticas climáticas EN-ROADS, Climate Interactive, www.climateinteractive.org.

¿Son parientes? ¿Son de diferentes bandadas? ¿Se enfrentan o se separan? ¿Se unen? ¿Se evitan? ¿Se comunica un pájaro de una rama con un pájaro en otra rama? ¿En otro árbol? ¿En qué condiciones está el árbol? ¿Protegido? ¿Expuesto? Las respuestas a estas preguntas son los componentes de la estructura *dentro* de una historia. Cada parte de la imagen ofrece un contexto.

Sterman inicia su simulación diciendo "crecimiento económico impulsado por los combustibles fósiles" y deforestación, los cuales —al desglosar la imagen— interpreto como estructuras que generan mayores emisiones de CO2. (Ver anexo, Figura 5).

Los **Modelos Mentales** son imágenes que llevamos en nuestra mente sobre la manera en que funcionan las cosas, para explicarnos por qué y cómo lo hacen. Para un escriba, es un desafío explicitar los modelos mentales de quién habla, ya que estamos representando lo que percibimos influidos por nuestras creencias. Cuando alguien dice, "Esto llevará al dominio del mercado", todo tipo de alarmas suenan en mi cerebro. Mi propio pensamiento, basado en mi experiencia, influye en lo que escucho. Es inevitable.

En el dibujo del iceberg que inicia este capítulo, dibujé un huevo y un pájaro para representar el rompecabezas mental que pregunta "¿Qué viene primero?" y desafía nuestro pensamiento sobre el origen de la vida.

A veces, mi pensamiento se alinea con el del presentador, como en el caso del profesor Sterman y su preocupación por el cambio climático. (Ver anexo, Figura 8). Estamos de acuerdo en que los humanos comenzaron a comprar barcos de combustión fósil antes de que subiera el nivel de los océanos. A veces es un desafío comprender el razonamiento que sustenta la perspectiva del otro. No me importa la cantidad de veces que escucho "es cíclico", al referirse al cambio climático, nunca voy a poder aceptar esa postura.

Este territorio es delicado, hay creencias en el salón, y posiblemente hay creencias diferentes a las nuestras. Como escribas, tratamos de representar con precisión lo que escuchamos y evitamos incluir nuestra propia opinión.

Pero, habiendo dicho eso, en la documentación generativa operamos con una sensación de posibilidad emergente y podemos ayudar a revelar cualquier sesgo para activar la reflexión, y tal vez, un cambio de mentalidad. A través de nuestros dibujos lo hacemos para nosotros mismos, y como escribas generativos, para los demás. Suponemos que las perspectivas no son estáticas.

La **Visión** es el territorio más profundo de la aspiración, de la esperanza, del llamado, es lo que puede establecer el tono para todo lo demás, empujando hacia arriba a través del iceberg para tocar los otros niveles. Un escriba generativo puede sentirlo, y entonces mantener la posibilidad en espíritu (incluso sin dibujar) de unirse al sistema como su ser futuro y compartir la esperanza de que la visión tome forma a través del pensamiento y de la acción de quienes están en el salón.

Normalmente trato de dejar espacio sobre la superficie para que la visión aparezca en el dibujo. (Ver anexo, Figura 9). Y si no es parte del dibujo en el día de la sesión, es porque no tenía que ser, y tal vez aparezca en otro momento.

Es importante notar que el ejemplo que usé en el anexo es uno que analicé años después de hacer el dibujo. Al hacerlo, ¡lo único que quería era registrar la simulación!

Ahora me doy cuenta del rol indispensable que brinda este marco de trabajo para notar y elegir dónde enfocar la atención durante cada etapa de la sesión: en la preparación con clientes, mientras dibujo y cuando se mejora el trabajo de manera digital para su distribución.

presenciación

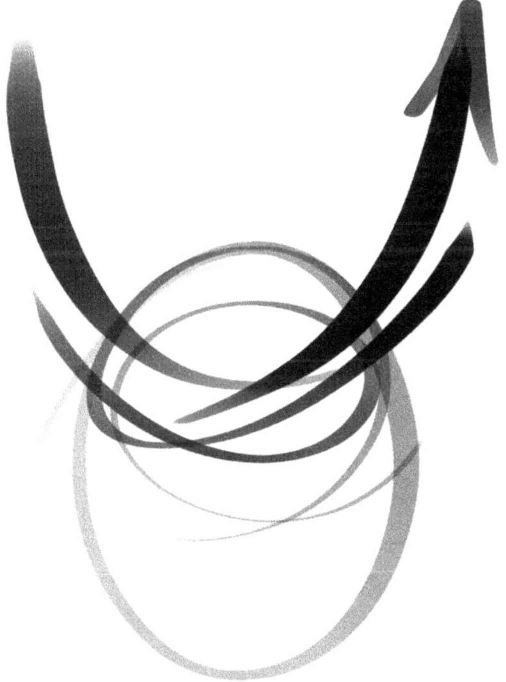

"La presenciación, la mezcla de percepción y presencia, significa conectar con la Fuente de la posibilidad futura más alta y traerla al presente".[20]

Una colega del Presencing Institute, Marian Goodman, la describe como "ser compasiva con la consciencia mientras trata de orientarse", y esto resuena mucho con mi experiencia personal.

20 C. Otto Scharmer, *Teoría U: liderar desde el futuro a medida que emerge* (San Francisco: Berrett-Koehler, 2009), p. 163. En este libro hago referencia en numerosas ocasiones a la obra de Otto Scharmer, con quien he colaborado estrechamente durante más de una década y cuyo pensamiento encuentro inextricablemente entretejido con el mío.

Considero que presenciar representa *estar con*. Es nuestro lugar en el centro del diamante y puede permear todos los aspectos de nuestra práctica. Es posible experimentarlo en un momento determinado, o a lo largo del tiempo, dependiendo de nuestra habilidad para sostener la conexión con nuestro Ser más auténtico y puro.

La tecnología social de presenciar es una manera de ser, y es fundamental en la práctica de la documentación generativa.

Presenciar es actuar en el momento, como si nos llamara una realidad emergente que comienza a desplegarse. Combinar la presenciación con la documentación gráfica me lleva a hacer una pausa antes de dibujar para expandir mi atención hacia la voz de alguien, al espacio que la rodea, al sistema, al campo social. En el momento justo antes de levantar un lápiz, me imagino el alcance extenso de conexiones entre la gente que está en el salón y los que están afuera, con el significado de la sesión en su cultura, con el contexto de su trabajo dentro del contexto de la sociedad. También considero nuestro momento actual y la ubicación de nuestro momento en el tiempo.

A través del lente de la presenciación, podemos representar la aparición de una nueva posibilidad y trazar un camino del pasado al presente al futuro que contiene esa posibilidad.

Al presenciar, escucho a mi ser más sintonizado para que me guíe. Uso todos mis sentidos para discernir cuando moverme y cuando quedarme quieta, cuando comenzar, cuando parar. Es posible hacerlo al dibujar o al hacer un comentario, dando un abrazo, al unirme o alejarme de un grupo; puede ser en colaboración con otros, en cualquier tipo de decisión vital.

Hoy en día, la documentación gráfica es un arte individual en dos dimensiones (la tecnología sin duda va a cambiarlo en las próximas décadas) y los escribas pueden acceder personalmente a la presenciación, de manera individual.

Pero los escribas sólo pueden llegar hasta cierto punto con su propio proceso si el grupo no percibe los cambios de consciencia; un límite en la consciencia colectiva limita la profundidad de la manifestación.

De la misma manera, cuanto más comprende un grupo la presenciación, mayor será la riqueza del contenedor, del espacio compartido de sustentación, y el dibujo que resulta será cualitativamente más fuerte. (ver anexos Figuras 10 y 11).

La necesidad principal del cliente en el registro gráfico o incluso en la facilitación gráfica, generalmente es tener la mayor cantidad de contenido literal posible y funcionar con lo conocido y tangible. Pero en la documentación generativa es esencial acceder a este espacio de presenciación, porque nos informa sobre la propia esencia de lo que está tratando de tomar forma desde lo *desconocido*.

En los momentos en que he dejado de dibujar, he bajado mis brazos y me he dado vuelta para volver a conectar con quien habla haciendo una pausa para sintonizar con el momento —ya sea para notar la lluvia en el techo o la luz que rebota en una pared en cierto ángulo o la temperatura fresca del aire— son los momentos cuando mi ritmo interno empieza a bajar, y abre el camino para surja una sensibilidad más fina. Mi apertura de consciencia se expande, y más del momento puede pasar a través de mí.

Cuando tenemos la experiencia de una presenciación compartida, hay una extraordinaria armonía en el aire —todo está en su lugar— y mi dibujo refleja de manera natural esa cohesión. Alguien dice una palabra y yo ya había empezado a escribirla. Tengo deseos de hacer un gesto amplio, lo hago, y pocos minutos después alguna persona agrega un tema importante que le da significado al arco que dibujé.

La presenciación no es usar la intuición ni proyectar algún tipo de estado ideal. Según mi interpretación, se refiere más bien a alinearse con el todo, y desde ese lugar, revelar las partes necesarias para movernos hacia adelante.

contenedores

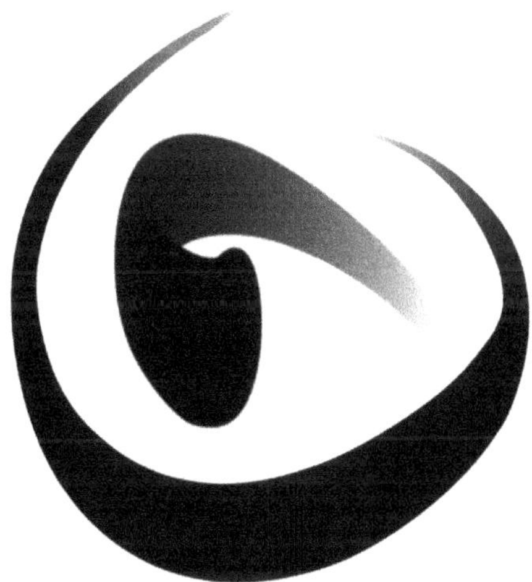

Rodeando al diamante, al iceberg y a la presenciación —apoyando estos estados del ser y métodos de diagnóstico— se encuentran lo que en este libro he mencionado como contenedores: espacios para contener a los lugares, a las personas y a los estados del corazón.

La debilidad o fortaleza del contenedor determina la posibilidad de una conversación perjudicial o fructífera, de relaciones dañinas o amorosas, de ambientes destructivos o productivos, del malestar o del bienestar.

De alguna manera, al igual que el hielo se forma y se derrite en un estanque, los contenedores brindan un terreno energético para la vida y la muerte, para el crecimiento y para la descomposición. Somos contenedores para otros, y ellos para nosotros. Cuanto más fuerte es el contenedor, más fuerte es la confianza, más fuerte la seguridad, más se puede nutrir, cuidar, crecer, realizar.

Este es un ejemplo. Cuando mi abuela Margaret Bird envejecía y ya sólo podía salir con un caminador y con asistencia física, almorzabamos a veces en un restaurante en la ciudad de Nueva York. Ella me preguntaba sobre mi vida, la universidad, mis amigos, mis estudios, y se maravillaba por la complejidad del mundo en el que yo vivía. (Era 1984, ¡puedo imaginar lo que diría del mundo de hoy!)

Lo que recuerdo con mayor claridad es la manera en que ella prestaba atención, parecía descansar en cada palabra y me hacía sentir amada y segura —no importaba lo que dijera, no importaba lo que compartiera. Nunca me sentí juzgada. Escuchaba con atención sin importar lo que pensara sobre los detalles de mis aventuras, me miraba a los ojos y trataba de comprender mi vida.

Me brindaba un contenedor, un espacio donde podía verme más claramente y crecer como consecuencia directa de la manera en que ella me sostenía.

En mi trabajo como escriba, trato de reforzar el contenedor para el grupo. Cuando empieza a subir la temperatura en un grupo y se empieza a fracturar, es necesario fortalecer el contenedor para apoyar mejor lo que quiere surgir. Esto no lo hago agregando una línea o una palabra específica a la página, sino aumentando la calidad de mi escucha y construyendo la confianza del grupo en mi misma. Giro, miro al grupo, lo siento, abro mi corazón a los individuos, trato de ponerme en su lugar, encuentro la compasión de ser humano a ser humano, me suavizo, me expando.

A veces, el contenedor es tan fuerte que el escriba puede estar envuelto en su poder. Nuestra capacidad para "estar ahí" aumenta porque el espacio nos sostiene, de alguna manera, como me sostuvo tan bien mi abuela hace años. En este caso, noto la fortaleza, doy gracias al cielo y la tierra por la calidad del grupo y dibujo con gran alegría.

Cuando mi abuela, con sus problemas de audición y probablemente varias preocupaciones personales, era capaz de estar tan presente conmigo, yo también podía estar completamente presente con ella. Podía ser más vulnerable porque me sentía segura. Sacaba lo más puro de mi por la manera tan cuidadosa de sostenerme en su propio corazón.

El amor, como nota base, es la riqueza y el orden del contenedor.

campo

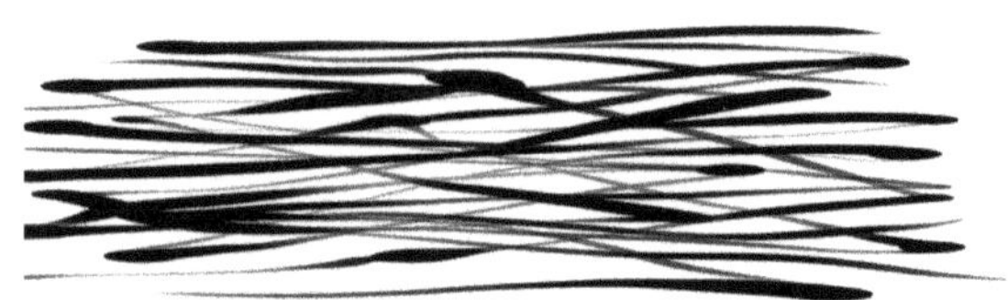

Encontrar un camino hacia el campo....

El "campo" se puede referir a un lugar físico, como un trozo de tierra donde crece un cultivo. Un campo también puede referirse a un área de interés. En un contexto social, el campo se refiere a un cuerpo de personas y sus interacciones.

El campo puede extenderse hasta el concepto de "interser": un término definido por Thich Nhat Hanh para hablar de la interconexión de todas las cosas:

"Si eres poeta, verás claramente que hay una nube flotando sobre esta hoja de papel. Sin la nube no habría agua, sin agua, los árboles no pueden crecer; y sin árboles, no podemos hacer papel. Por eso la nube está aquí. La existencia de este papel depende de la existencia de la nube."[21]

Teniendo en mente el concepto del campo, podemos considerar la red de relaciones desde la cual, hacia la cual, y para la cual dibujamos.

Mi abuelo Junius Bird, fue arqueólogo en América del Sur y Central entre los años 1930 y 1970. Allí descubrió telas que ayudaron a

21 Thich Nhat Hanh, *Ser paz* (Berkeley, CA: Parallax Press, 1987), p. 53.

identificar culturas precerámicas. Al caminar por una galería a la entrada de su casa, había una vitrina frente a la puerta principal que tenía estanterías con pequeños objetos: tesoros traídos de lugares lejanos, regalos de colegas y curiosidades encontradas en la calle. Aunque tenía poco más de tres metros de largo, era un recorrido de maravillas, lleno de artefactos hechos a mano que ofrecían trascendencia a otro tiempo y lugar, a otra cultura, a un espíritu humano diferente al mío.

Gracias a esa siembra temprana, entendí que los objetos encarnan el espíritu de la vida, y he llegado a creer que las imágenes de los escribas también pueden contener y transportar energía. ¿Qué pasa si como escribas generativos, pensamos que cada imagen que creamos contiene y transfiere algún tipo de espiritualidad? ¿Y qué pasa si consideramos al campo como un lugar energético dónde podemos acceder al espíritu?

Y más específicamente, ¿qué pasa si el campo es un conjunto energético de la interacción de toda la vida —social, entre las personas y que se extiende a toda la materia viva— y es desde ese conjunto que dibujamos?

De la misma manera que mi abuelo desenterraba tejidos desde un campo de tipo físico para informar una comprensión de la cultura humana, los escribas generativos pueden crear intencionadamente imágenes que informan sobre la comprensión actual y futura del espíritu humano.

Wassily Kandinsky definía el papel del arte abstracto del siglo XX así: “Una obra de arte se refleja en la superficie de nuestra consciencia”.[22] Lo que los artistas crean es un reflejo directo de su condición interior.

22 Wassily Kandinsky, *Punto y línea sobre el plano* (New York: Dover Publications, 1979). Traducido por primera vez en 1947 para la Fundación Solomon R. Guggenheim a partir de la publicación original de 1926.

Propongo que este sea el siglo en el que los artistas extendamos de manera consciente nuestra consideración desde el espíritu de uno al campo de muchos.

Podemos representar planos de interacción humana, sí, como en un mapa de las partes interesadas o en un diagrama organizacional o un diagrama de Venn. También podemos representar el espíritu individual.

También podemos poner en palabras la cualidad intangible —aunque percibida— de la interacción que existe alrededor y entre las partes aparentemente desconectadas (de especies, del planeta.)

Como escribas generativos podemos tratar de representar lo que está más allá de las imágenes que caracterizan la vida interior o la palabra hablada. Nuestros trazos no son imposiciones sobre una superficie; en lugar de eso, representan algo inherente que surge *desde* una superficie y desde el campo.

Los campos, por lo tanto, informan la forma.

Un día, mientras reflexionaba sobre la representación visual de los campos, empecé a recordar representaciones anteriores: manchas cruzadas, motas, pinceladas de color. Después, mi mente empezó a olvidar las palabras que describían el campo y me llevó a una experiencia, a una *evocación*...

Un día de verano con la familia en Bearsville, Nueva York... un pequeño patio de losa cerca de un prado... algodoncillo en flor, jugando con la luz... iluminado... dejar... dejar ser de la naturaleza... dejar ser libre.

Y ahora, con un recuerdo infantil de completa unidad con la gente y con la tierra, cuidando el desarrollo de la profesión de la práctica visual, con la preocupación por nuestras relaciones y comportamientos sociales en un planeta que se calienta, y consciente de la repercusión entre estas diversas interpretaciones del campo, escribo.

la fuente

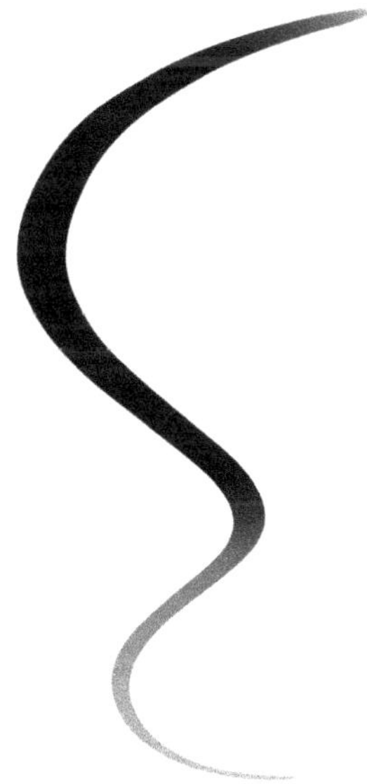

Fuente. Fuerza vital. Vitalidad.

Alrededor nuestro, dentro nuestro, un manantial de energía al que podemos recurrir en cualquier momento.

Palpable cuando sentimos nuestro propio latido, y cuando tenemos nuestra cabeza cerca del pecho de alguien y podemos oír el suyo.

Una corriente que se siente entre las personas, los seres vivos, los objetos y en la naturaleza. Un espacio vibracional, cargado.
La conocemos cuando miramos a alguien a los ojos: cuando nuestro enfoque en la apariencia externa se desvanece y nos encontramos con la verdad interior de esa persona, sin importar lo bien que la conozcamos.

Tal vez esté en el llanto de un bebé al nacer. Tal vez sea el último suspiro, el "estertor" que escuchamos cuando alguien fallece. Seguramente está en el viento, en las olas, en las llamas y en las rocas.

A veces la fuente hace estragos y es ruidosa y nos rodea, como el trueno en una tormenta de calor de verano. A veces es el frenético zumbido de las moscas. A veces está en las esporas de diente de león flotando en una ciudad vacía o arremolinándose en la superficie de un charco.

Al acceder a la fuente mientras se dibuja, la mente queda suspendida, alerta y paciente esperando un gesto específico, es la quietud interior en medio de la agitación exterior.

Muchas veces hago una pausa antes de dibujar, a veces incluso durante unos minutos. Me tomo un momento para asentarme, para "Ser". La gente me ha preguntado sobre esta "espera". En parte es para aclarar la mente, y sí, en parte para sentir la fuente.

Al acceder a la fuente mientras se dibuja, se aclara lo que busca ser revelado en el momento presente.

La fuente es un recurso autosustentable, inextinguible. Sólo es necesario que estemos quietos, abiertos y respiremos para fluir en su corriente, para infundir nuestro propio proceso de unión.

Al prestar atención a la fuente, la esencia de lo que quiere ser visto se da a conocer, y el dibujo pasa de ser una rápida repetición de trazos hechos *sobre*, a una serie de trazos fluidos extraídos *a través*. El escriba, la pluma, la superficie, las palabras, la gente, el salón, el momento, todo existe en armonía.

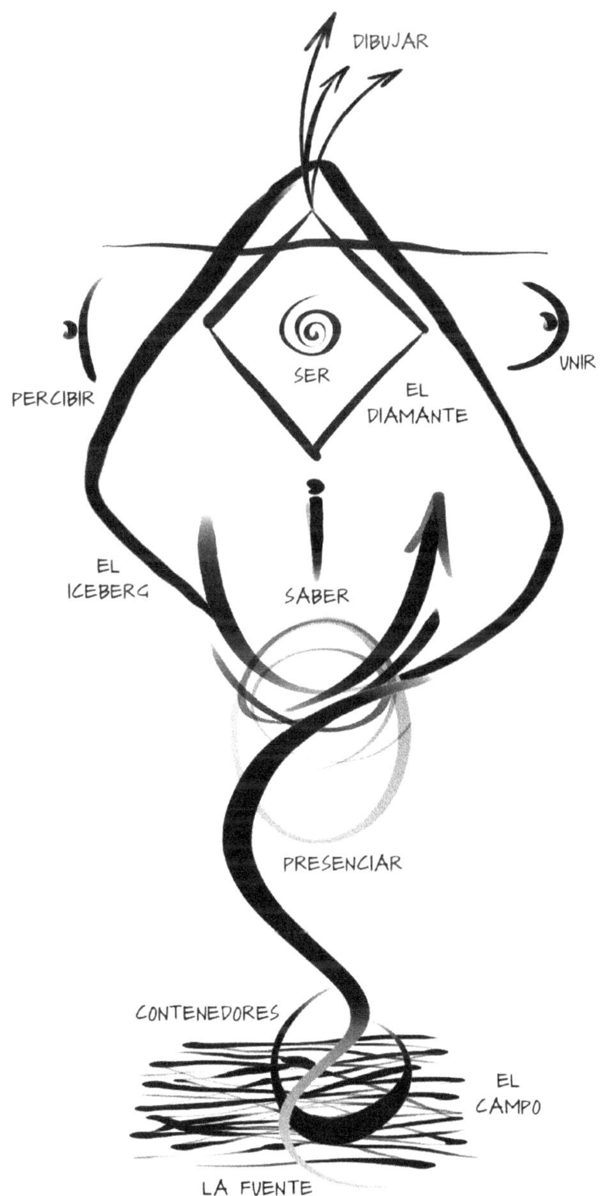
DIBUJAR
PERCIBIR
SER
EL
DIAMANTE
UNIR
EL
ICEBERG
SABER
PRESENCIAR
CONTENEDORES
EL
CAMPO
LA FUENTE

ser

Todo tiene apariencia y esencia, cáscara y núcleo, máscara y verdad. ¿Qué dice esto sobre la naturaleza interior de las cosas, que toquemos la cáscara sin alcanzar el núcleo, que vivamos con la apariencia en lugar de percibir la esencia, que la máscara de las cosas nos ciegue tanto que no podamos encontrar la verdad?

– Franz Marc

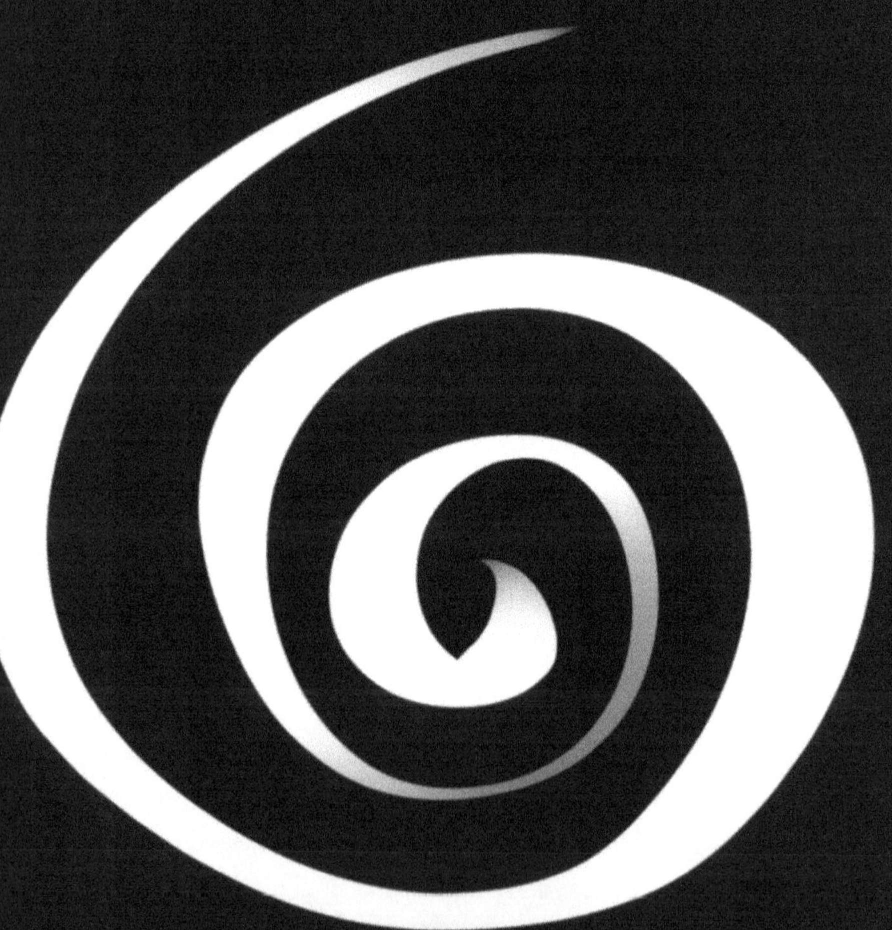

ser

Anclada al piso que está debajo, los pies con raíces; buscando el cielo, la cabeza con extremidades y las hojas tocando la luz; extendiéndome a través del corazón hacia la pared y al sistema en general.[23]

Aquí es donde empieza ahora mi práctica.

El canal se fortalece entre los ejes vertical y horizontal. Me estoy preparando. Con cada inhalación recibo lo que quiere llegar. Con cada exhalación mi cuerpo se relaja en el momento.

Algunas veces, la presión del momento crea una sensación falsa de ego; para actuar, a veces me imagino el avatar de una superheroína como la Mujer Maravilla usando una armadura, algo que me brinde protección para poder hacer lo que debe ser hecho.

Sin embargo, a pesar de eso, la seguridad interna me confirma que este momento es completamente natural e intocable. No es coincidencia que esté aquí. Estoy aquí para servir. Lo que surge es el gesto exacto que necesita ser revelado. Ni más ni menos.

Ser es importante. Si opero desde un yo falso, desde un yo que se enfoca en la evaluación externa y en el orgullo, me arriesgo a tomar decisiones basadas en el resultado esperado. Operar desde un yo falso es como decirle "Te amo" a alguien sólo para que nos lo diga a nosotros.

¿Dibujo esperando un aplauso? Y si no pasa nada, ¿dónde quedo yo? ¿Deprimida, sintiendo que no me reconocen, intrascendente?

23 Aprendí esta simple guía de Arawana Hayashi, una *acharya* (maestra) en Shambhala —una red global de centros de meditación dedicada a aplicar *mindfulness* a la "creación de una sociedad iluminada". www.arawanahayashi.com

Cuando dibujo con la mente y la mano solamente, desconectada del saber interno, puedo representar una realidad interpretada y perder la posibilidad de crear desde la realidad, desde adentro hacia fuera.

Cuidar el ser quiere decir cuidar tanto la cáscara como el núcleo.

Desde el punto de vista físico, cuidar del ser incluye el bienestar general: los huesos y los músculos, los órganos vitales, los nervios, el flujo sanguíneo. Metafísicamente, significa cuidar los espacios internos del espíritu, la parte nuestra que alberga la esperanza, las aspiraciones, las promesas; que reconoce la verdad, que perdona, acepta, ama.

El cinismo y la falta de fe pueden apagar este espíritu. Para trabajar con la falta de fe, me imagino lo posible y actúo desde ese espacio, preguntándome: "¿Cómo se vería esto si....?"

A medida que la armadura cae, el núcleo se libera con una invitación a sólo SER.

Mirar hacia dentro, hacia un lugar de inocencia —un lugar quizás vigilado, protegido, un lugar delicado y fresco— un lugar privado, seguro, elemental. Ese es el núcleo, es la fuente de energía a liberar.

no puedo

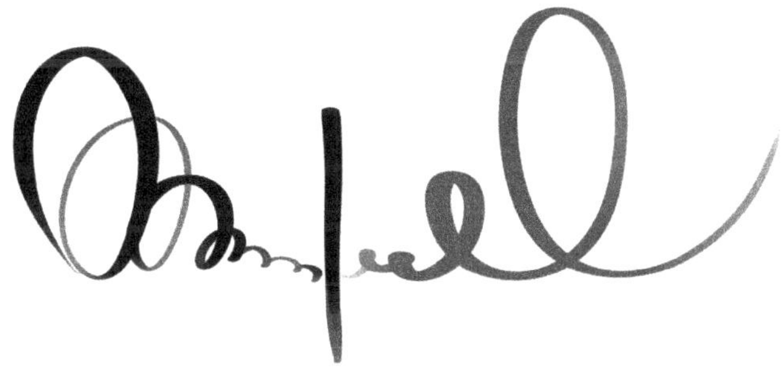

Casi todos los escribas con los que he hablado comparten cierta aprensión cuando se enfrentan a una pared en blanco al comienzo de una sesión. Muchos de nosotros somos introvertidos por naturaleza y tenemos que armarnos de valor, incluso para estar frente a un salón con público a nuestras espaldas.

La confianza puede disminuir al intentar seguir la cadencia de las voces y entender rápidamente el flujo de las palabras, de los acentos, los acrónimos, las metáforas y con la misma rapidez, elegir qué dibujar. Y el cuestionamiento de uno mismo aumenta: "¿Soy digno? ¿Por qué me quieren aquí? ¿Qué demonios estoy dibujando? ¿Se dará cuenta alguien si me escondo detrás de este caballete?"

El pensamiento "No puedo..." se cuela siempre y muy fácilmente. Y a menos que aprendamos a darnos cuenta de esta grabación que funciona en nuestra cabeza y la apaguemos de golpe para que ingrese otro pensamiento, es muy, muy fácil creerle y paralizarse. Y es una pendiente resbaladiza.

Hace poco, recurrí a la ayuda de un entrenador personal llamado Carl para fortalecer mi cuerpo. Muchas veces, cuando me pedía que probara un ejercicio nuevo, me escuchaba gimiendo: "Por favor, ¡debe ser un chiste! ¡No puedo!" Él me paraba en seco: "Una vez que decides que no puedes, es casi seguro que no podrás".

"No puedo" es una creencia.

La creencia de que "no puedo" se acumula en (algunas de) nuestras mentes, lista para saltar y adueñarse de la escena al menor desafío. Es la creencia de que, por ejemplo, no soy lo bastante fuerte para levantar un peso determinado, o no soy capaz de seguir una rutina en el gimnasio. A veces no se trata de lo que puedo o no puedo hacer, sino de quién soy. La creencia en este caso sería "soy perezosa".

Y aquí es donde entra en juego el juicio, es decir lo que queda de la experiencia pasada que lleva a la formación de la creencia. Pasó algo, nos sentimos avergonzados, incluso rechazados. Es posible que la vergüenza se haya instalado en nosotros y refuerce nuestras decisiones y perspectivas futuras.

Cuando era chica, jugaba al sóftbol con gran entusiasmo. Luego hice una prueba para entrar en un equipo de baloncesto pero después de caerme de boca al intentar encestar, fui la única niña que no entró en el equipo. Mi entusiasmo por los deportes se esfumó rápidamente. Y ahora, unos treinta y cinco años más tarde, la voz de Carl me ayuda a cambiar una creencia arraigada de que soy intrínsecamente inepta para los deportes.

Quizá el "no puedo" sea una especie de semáforo, una pausa temporal hasta que pongamos verde la luz de nuestra mente. Tal vez cada "no puedo" sea un regalo disfrazado, una oferta retorcida para reenmarcarnos dentro del momento presente a una mentalidad de "¿qué pasaría si...?".

apertura

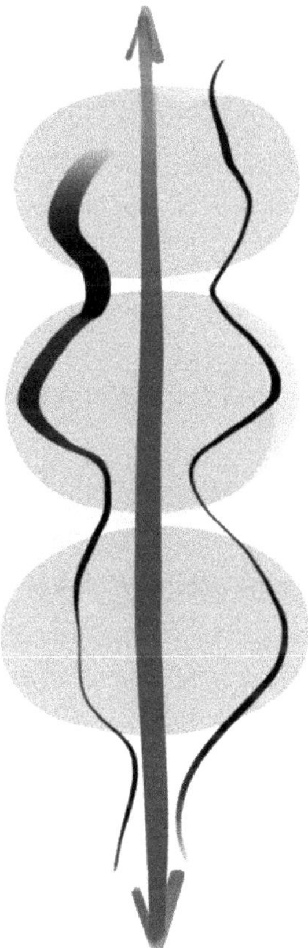

Los escribas tenemos que mantenernos abiertos, así de sencillo. Si nos cerramos, nos perdemos lo que se está diciendo, nos perdemos en nuestras propias cabezas y nos desconectamos del flujo de información y del significado que necesita ser mapeado. Permanecer abierto es una habilidad clave que hay que manejar, y el desafío para lograrlo —sin dejar de escuchar y dibujar— es constante.

Hay tres capacidades clave, definidas por el trabajo de *Presenciación*, que intento cultivar activamente (con diferentes niveles de éxito):

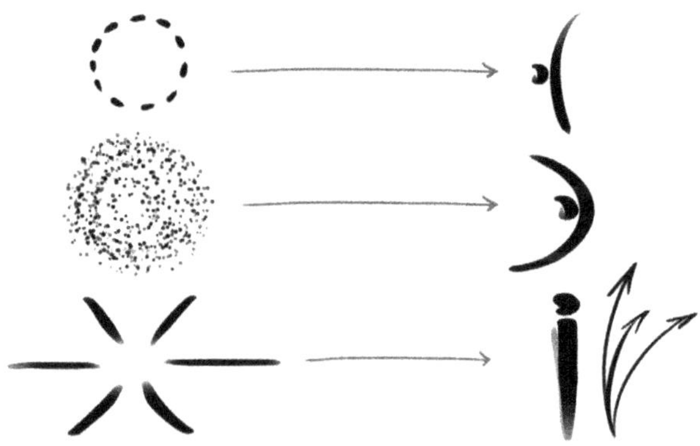

Mente Abierta: donde Percibimos con Curiosidad

Corazón Abierto: donde nos Unimos con Compasión

Voluntad Abierta: donde Sabemos y Dibujamos con Valentía

Pero, muchas veces encontramos tres voces que bloquean el camino:

1. **La voz del Juicio** limita la Mente Abierta.
2. **La voz del Cinismo** limita el Corazón Abierto
3. **La voz del Miedo** limita la Voluntad Abierta

Sin embargo, a veces estas voces son pegajosas, y muchas veces yo preferiría un enfoque más evolucionado cuando tengo que descubrir rápidamente cómo seguir dibujando. Cerrarse no es una opción cuando estoy de espaldas a diez o a mil personas que esperan que se despliegue un dibujo. Cerrarse tampoco es una opción cuando eres un entrenador profesional que intenta ofrecer seguridad a quien está siendo entrenado, o un chef que quiere combinar los ingredientes justos para un sabroso plato de temporada.

A veces, cuando me siento atascada e incapaz de convocar ninguna de estas capacidades, recurro a un ejercicio llamado "¿Qué está en riesgo?"[24] Que es básicamente así: Ante un dilema, un entrenador pregunta: (1) "¿Qué está en riesgo si haces esto?". Y quien está siendo entrenado responde haciendo una lista de los riesgos posibles.

Entonces el entrenador pregunta: (2) "¿Qué está en riesgo si no haces esto?". Y quien está siendo entrenado responde nuevamente con todos los riesgos que percibe si nada cambia.

El movimiento necesario y el riesgo aceptable se hacen evidentes al representar las dos caras de una situación de atasco.

A veces puedo salir del estancamiento e involucrarme con una parte mía más aventurera. Y otras veces, cuando el riesgo me parece demasiado alto, tengo que elegir una acción que me parezca más segura. Y sé que cualquiera de las dos opciones está bien.

Lo importante es ser internamente honestos para saber hasta dónde podemos llegar y seguir adelante, de la manera más abierta posible.

Por ejemplo, una vez quise mantener mi mente abierta en una sala repleta de personas con opiniones políticas opuestas a las mías, lo que parecía extremadamente difícil. Tenía que elegir entre (1) censurar lo que oía y dibujar para alinearlo con mis propios valores, tergiversando así los puntos de vista del cliente, o (2) suspender mi propio juicio para indagar a través de su lente, abriendo mi curiosidad. Decidí que los riesgos de la primera opción eran demasiado altos, así que opté por la segunda.

24 Este ejercicio es una adaptación de una técnica que aprendí de Barbara Cecil en el contexto de un programa de liderazgo femenino llamado *Coming Into Your Own*. Para mayor información, véase: Hal Stone y Sidra L. Stone, *Embracing Our Selves* (Novato: Nataraj Publishing, 1989).

Otro ejemplo… Estaba frente a una pared, dispuesta a escuchar con el corazón abierto, y me di cuenta que estaba profundamente afectada por lo que escuchaba Eran trabajadoras sexuales que compartían sus poderosas historias de haber vivido con abusos estructurales y defendían los derechos de las víctimas. ¿Qué estaba en riesgo? (1) Ser tragada por mi cinismo sobre la posibilidad de que el sistema judicial pudiera cambiar alguna vez, pensando que mi trabajo allí era inútil, o (2) empatizar con las víctimas y no rastrear de manera precisa todas las partes del sistema en juego. Elegí la número 2.

Y otro caso... Me había paralizado momentáneamente en el escenario con la presión de estar siendo filmada y proyectada en una gran pantalla en un salón de conferencias. Tenía terror de que mi mente dejara literalmente de procesar mientras alguien hablaba. No tenía la voluntad abierta y me enfrenté a esta elección: (1) dibujar lo que sí entendía, aunque fuera muy poco, o (2) no dibujar nada. Elegí la primera opción.

En la mayoría de los casos, cada vez que el ruido interno se interpone al progreso tangible, existen varios factores que entregan información sobre la manera de librar y mover la energía. Elegir entre los riesgos es sólo una opción. Lo que intento recordar es esto:

Al permanecer abiertos nos convertimos en un canal para lo que quiere llegar a través nuestro. Documentamos gráficamente para estar al servicio de algo que quiere ser visto. Al superar nuestras voces internas, permitimos que eso ocurra.

autenticidad

Al reconocer nuestros límites y aprovechar nuestros talentos naturales, superamos nuestras carencias y encontramos la verdadera fortaleza.

Cuando estaba aprendiendo a documentar de manera gráfica, me sentía intimidada por colegas que podían dibujar de memoria gente, animales, edificios y objetos. Algunas personas tienen esta habilidad innata. Toman una pluma y empiezan a dibujar en la pared con total naturalidad. Escuchan. Dibujan. ¡Parece tan simple! Pero esa no era mi experiencia en absoluto.

Después de uno o dos años dedicados a llevar diarios, en los que escribía palabras junto a bocetos, me di cuenta de que mi estilo —mi verdadera voz— iba a tener que ser algo nuevo, para mí y para los demás. Sería una mezcla de lo que sabía que mi mano *podía* plasmar y un método de procesamiento propio de mi cerebro. (Ver anexo, Figura 12).

El resultado fue un enfoque orgánico, basado en la naturaleza, que representaba mi forma de ver y de entender el mundo.[25] Y tropecé varias veces, en público y en privado, hasta que lo logré. Mi fortaleza —traer la coherencia a la superficie— sólo se hizo evidente tras muchos años de experimentación incómoda y dolorosa.

Y esto nos lleva al tema de la autenticidad. Mientras aprendía a documentar gráficamente imitaba a otros. Cuando era parte de un equipo que facilitaba talleres colaborativos, literalmente "copiaba en la pared" para documentar el trabajo, lo cual es una excelente forma

25 El enfoque que desarrollé fue moldeado en gran medida por Bryan Coffman, de la red MG Taylor, quien dibujaba modelos con forma de riñón que creaban un contexto para interacciones complejas. Él me enseñó que la forma natural puede contener todo el pensamiento.

introductoria para desarrollar la habilidad de documentar.[26] Pero descubrir nuestros propios dones únicos y darles forma, requiere trabajo personal y profesional.

Crecemos cuando seguimos nuestra curiosidad —ya sea trabajando con pensadores destacados, visitando museos o exponiéndonos a otras disciplinas y formas de arte. Nuestra perspectiva de las cosas cambia con cada punto de vista nuevo, es como caminar por una ruta por la que normalmente conducimos, o volar por encima de un campo de grano que estamos acostumbrados a ver como cereal en un cuenco.

Nos asentamos en nuestro yo más auténtico cuando empezamos a escuchar nuestra voz interior, la que dice: *"Esto es verdad. Sí."* Frente al impulso instintivo dice: *"Está bien, adelante."* + Al calor que sube por las venas: *"Esto importa."*

Como si recibiéramos el consejo de un mentor o un entrenador, cuando oímos estos mensajes y los escuchamos, habitamos nuestro yo más verdadero, el que lleva años esperando a que crezcamos, a que aparezcamos.

Aprendemos copiando. Avanzamos integrando. Logramos la maestría conectando con nuestra propia fuente.

26 La copia mural era un método que utilizábamos en la ASE, antes de las cámaras digitales, para registrar dibujos en pizarras blancas. Cada "trabajador del conocimiento" copiaba la escritura y las imágenes de la pared en una hoja de papel de 8,5 x 11" con un portapapeles y unos rotuladores que coincidían exactamente con los colores de los marcadores de borrado en seco. Hacíamos docenas de ellos en un *DesignShop*™ de tres días, cientos en unos meses.

cultivo

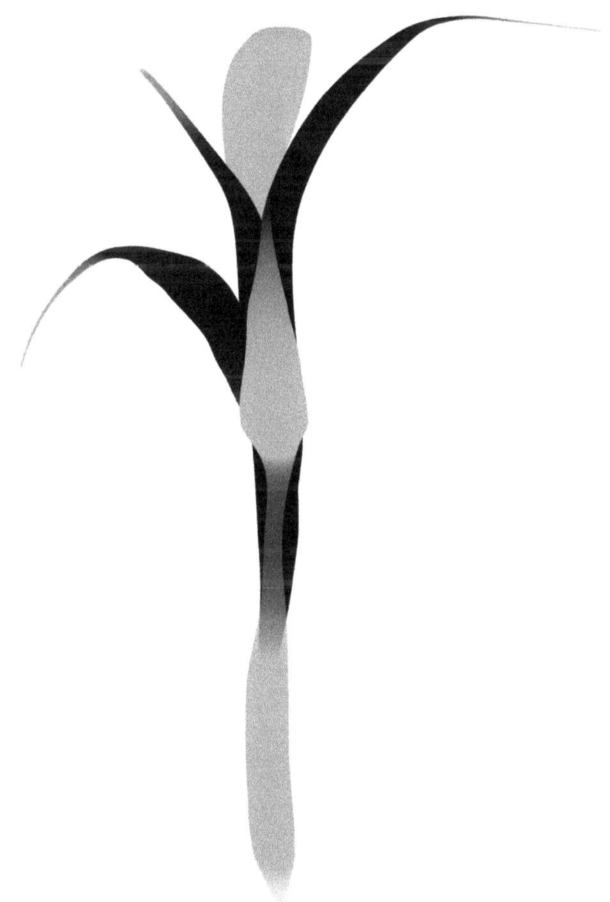

Los escribas somos instrumentos para la reflexión. La información se filtra a través nuestro para llegar al público-participante y como se trata de un proceso activo, el filtro requiere de cuidado constante para funcionar con eficacia.

Si no cuidamos nuestro paisaje interior, nuestra conciencia, nos arriesgamos a comportarnos como ciegos: dibujando maravillosamente, pero sin ver que somos parte de la realidad que se despliega.

Si no presto mucha atención, corro el riesgo de patinar sobre la superficie de un potencial más profundo. No seré capaz de reconocer la delicadeza de algo nuevo que surge: como una voz muy suave en una sala que dice lo único que nadie quería decir, lo único que podría reencauzar el sentido y el tono de una conversación.

La arcilla de un alfarero es tangible, tal como el dibujo de un escriba es visual. Pero el medio del escriba es cultivar la conciencia social, lo que requiere de un enfoque diferente para dar forma a algo.

He intentado encontrar mi mejor yo para crecer: el yo que acepta, que elige la posibilidad en vez de la aprehensión y la frustración, el yo que acoge lo nuevo e incluso le abre camino. Con esta orientación, me imagino que soy una especie de microcosmos de reorientación para cada parte del sistema que mis dibujos puedan tocar.

Mi primera experiencia en este sentido tuvo lugar en 2006, cuando trabajaba con el Ashland Institute en un proyecto a largo plazo para las Girl Scouts de Arizona. Mi función consistía principalmente en documentar y archivar los resultados de las múltiples conversaciones entre el personal del consejo, los mayores y los voluntarios. Mi propósito explícito era traducir el aprendizaje del grupo desde una reflexión verbal a una forma tangible, para compartirlo con otros consejos y con el sistema nacional.

Recuerdo una conversación crucial durante una sesión cerca de Sedona, Arizona, en una cabaña con otras quince mujeres, entre bosques, rocas rojas y un arroyo cercano. Cada participante había estado en la naturaleza durante una hora y media para encontrar su lugar en el silencio, escuchar su corazón y permitir que surgiera una sabiduría más profunda. Cuando volvieron a la cabaña, documenté lo que decían mientras cada mujer compartía sus impresiones.

El dibujo que hice estaba lleno de sus revelaciones: "Esto es un holograma del todo". "Sirve de faro; yo soy la organización". "Guiar la intención y permitir lo emergente". Y recuerdo el cambio que se producía en mí con cada cosa que decían; también se estaba produciendo algún tipo de transición más amplia en la participación. Yo estaba de pie junto a una pared en esta pequeña sala, las mujeres estaban en un círculo, los gráficos cubrían las paredes. Cada contribución (verbal, dibujada, gestual, incluso las pausas significativas) ampliaba y profundizaba las demás. Cada voz hablaba por el conjunto.

Yo no era una simple escriba generativa en la periferia de la reunión, sino que pertenecía a esta constelación que sostenía una promesa para más de un millón y medio de niñas. Dibujaba para mis colegas y los clientes de la sala, y dibujaba para facilitar un giro cultural cuyo alcance iba más allá de lo que cualquiera de nosotros podría haber considerado lógicamente.

Los escribas contribuyen a activar los campos sociales al estar presentes desde dentro hacia fuera.

La salud es importante mientras cultivamos nuestra práctica a lo largo del tiempo. La claridad mental importa. El estado del corazón importa. Si alguno de estos aspectos se debilita o se estanca, ¿cómo puedo mantenerme preparada, para mí y para otros?

A medida que mi mano ha ido madurando y trazando líneas cada vez más refinadas, también ha crecido mi sintonía interior para guiar mis decisiones. Aprender a decir que no a ciertas oportunidades de trabajo, por ejemplo, requiere determinación para tener en claro cuándo decir que sí. Ninguna de las dos respuestas se da a la ligera, y ambas requieren una claridad mental que todavía intento desarrollar.

Puedo dejar que mi mente se deje llevar por la costumbre y dibujar una imagen de memoria. Eso puede ayudarme un día que tenga sueño o esté cansada. Pero mi crecimiento a largo plazo se estancaría si no absorbo nueva información y no experimento.

zona

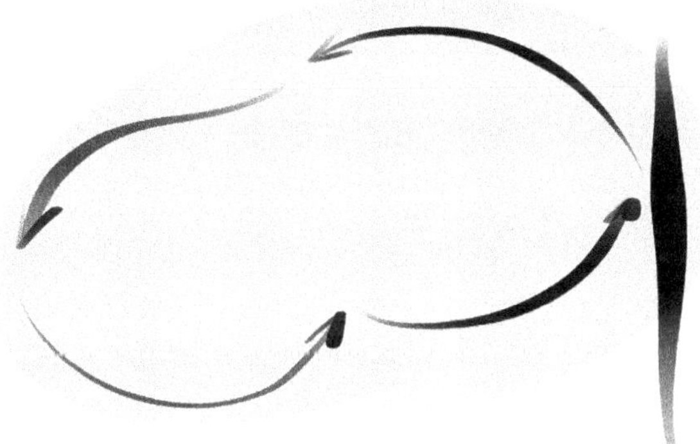

En los días buenos, cuando hago documentación gráfica me conecto con una zona. La llamo zona recíproca, porque no se trata sólo de cómo me relaciono con los hilos de la comprensión, si no también de la ineludible red de gestos e impacto en la que me encuentro.

Mi mente, mi corazón, mi mano, la superficie de dibujo, los marcadores, las personas que están detrás y alrededor mío, los límites del salón, el edificio, todas las personas que apoyan lo que está ocurriendo en el salón, las personas que han venido antes y alimentado el pensamiento actual, las personas que llevarán adelante las ideas de hoy, el sistema o los sistemas de los que forma parte el grupo... todos son hilos de esta red.

Nuestros puntos de conexión manifiestan una serie de bucles que se refuerzan, donde la visión de uno toca la visión de otro, y el estancamiento de una persona puede influir en el estancamiento de otra. Mientras dibujo, en los mejores días, conozco esta activación y la puedo sentir.

Mi energía, la cualidad de ser en la que me encuentro en un momento dado, se expande para reforzar el entorno. Esto no quiere decir que los escribas sean magos que realizan algún tipo de hechizo, ¡para nada! Todo el mundo tiene acceso al campo energético que describo. Pero como artistas, trabajamos con lo intangible de manera consciente y a menudo invisible.

Soy una observadora, y luego soy una participante activa con la gente en el lugar y con el sistema. Mi papel es crear un camino para que algo más llegue a existir..

Nos conectamos con un lugar interior de asombro, y así estamos abiertos a reconocer el espíritu de asombro en el mundo que nos rodea.

En los días en que estoy clara, mi presencia, mi cualidad de ser, me permite presentarme ante un grupo en cualquier fase de su proceso y mantener un espacio de posibilidad para lo que pueda surgir. Parte de localizar la presencia tiene que ver con suspender los pensamientos y los hábitos de juicio, dejar ir el pasado y también las proyecciones de futuro, para poder estar plenamente en el momento y unirme a un grupo allí donde esté, para co-crear desde ese lugar.

Explorar la presencia es aprender un lenguaje que no es literal, sino interno y muy encarnado, aunque inicialmente sea tenue. Podríamos preguntarnos: ¿Cuáles son las barreras entre el miedo y la fluidez? ¿De qué manera nos sentimos diferentes cuando estamos cómodos? Cuando estamos en condiciones de expresarnos, ¿qué lenguaje utilizamos?

Esta parte de la práctica no tiene que ver con la estética. Se trata de la dimensión intangible, en la que estamos en contacto con nosotros mismos al nivel más verdadero y en condiciones de encontrarnos la verdad en la sala a través de lo que dibujamos.

Es impresionante percibir el flujo, la presencia de muchas personas. Trabajar en ese lugar, darle forma a lo que no se expresa... esa es la magia de la zona compartida con la que nuestra presencia simplemente se encuentra.

unir

El objetivo de la vida es hacer que los latidos de tu corazón coincidan con el ritmo del universo, que tu naturaleza esté en armonía con la Naturaleza.

– Joseph Campbell

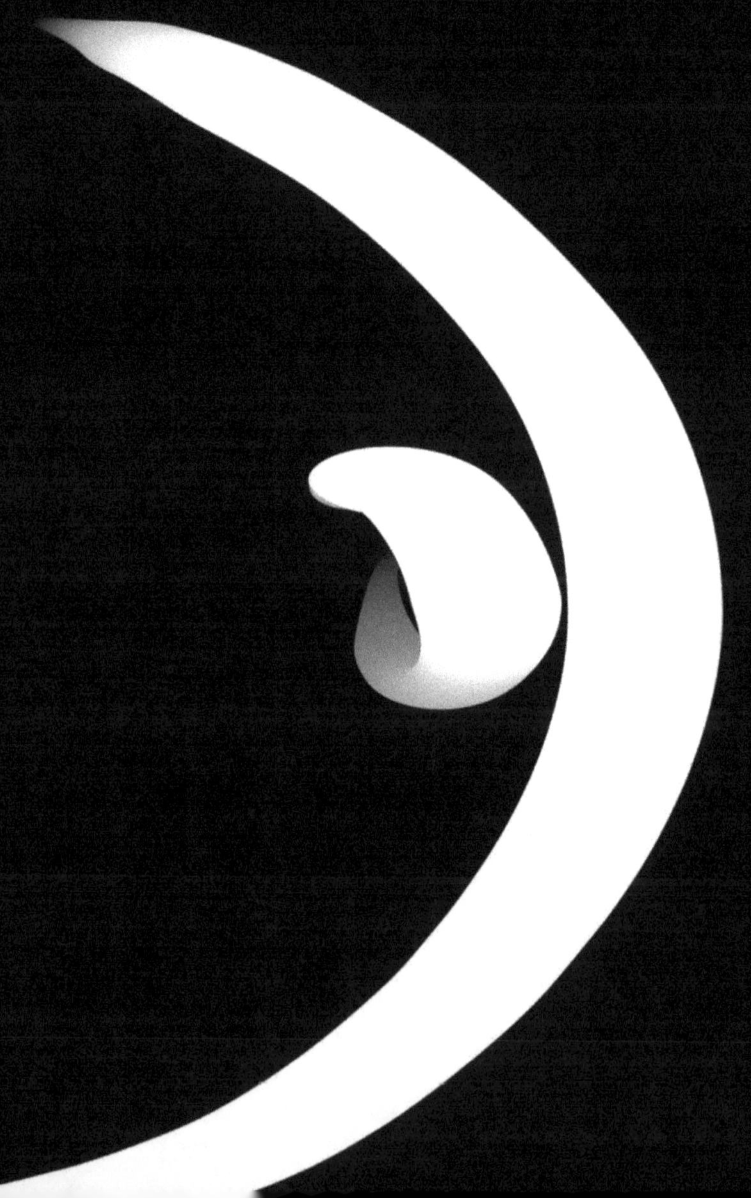

unir

Unir es encontrarnos a nosotros mismos en el lugar dónde estamos, encontrar a otros en el lugar dónde están, y juntos, encontrar al mundo dónde está.

Sola, me puedo unir más profundamente conmigo misma, con el latido de mi propio corazón. A veces el silencio y un té caliente son toda la compañía que necesito para asentarme en mi propio ritmo.

Cuando me uno con otros —recibiendo su intensidad o su ternura, su aprehensión, su exuberancia— me importa su estado, su bienestar o su sufrimiento.

Cuando me uno con personas desconocidas en un café, o con los asistentes de una conferencia en un país extranjero, me doy cuenta de nuestras similitudes, de nuestras diferencias y de que todos caminamos sobre el mismo suelo.

Los límites se disuelven cuando activamos nuestra humanidad profunda.

Cuando hablo con un niño pequeño, me inclino para estar a nivel de sus ojos. Al saludar a un cliente o un colega, le doy un apretón de manos o un abrazo. Antes de acariciar un perro por primera vez, pongo mi mano en su nariz para que huela mi aroma. Cuando camino al borde del mar, sigo la curva de las olas.

Tal vez en nuestro cuerpo vivimos todos los días y morimos solos. Pero en el corazón, en el espíritu, comenzamos y terminamos cada momento infinitamente entrelazados.

En este sentido no estamos separados. Tus preocupaciones son mis preocupaciones. Cada costura, son dos partes adyacentes. Cada línea que divide, es una oportunidad para una unión.

tristeza

"Horas non numero nisi serenas."
(*Solo cuento las horas felices.*)

—Cita del envoltorio de un chocolate Baci
(frase en latín también inscrita, probablemente, en algún reloj de sol)

27 de octubre de 1987, Santa Maria Formosa, Venecia, Italia. Tenía 21 años y estaba dibujando durante un viaje de fin de semana con unos amigos. Teníamos la suerte de estar estudiando en el extranjero, y la cita anterior cristalizaba una época de mi vida de gran expansión, de camaradería, de aprendizaje en cada esquina: una época en la que la felicidad estaba a mi alrededor y dentro mío.

Y sin embargo... mientras dibujaba una plaza vacía junto a una iglesia renacentista con un exterior de yeso liso y color paja, con ventanas de profundos postigos de madera, observando cómo las palomas se pavoneaban alrededor de un pozo de agua cubierto —más interesada en mis pasteles al óleo y en la soledad que en unirme a alguien o a cualquier espíritu dentro del edificio—, también escribí esto:

"Pero la felicidad no puede venir sin la tristeza; las dos igualan todas las horas. Cuento todas las horas. Pero las horas felices son mucho más especiales porque existen las tristes. Contraste".

Eso fue lo que aprendí de Venecia, una ciudad de amplios espacios públicos abiertos frente a canales de casas privadas y prohibidas. Multitudes de turistas comprando la última moda contrastan con los suelos de las catedrales deformados por siglos de inundaciones. Celebridades en góndolas con paparazzi a cuestas, estudiantes de arte solitarios en las plazas.

He escrito mucho sobre la tristeza en mis diarios, durante años, es una amiga íntima que llama a la puerta a menudo. Pero no necesito buscar más para poder decir esto ahora…

La tristeza nos conecta con lo sutil de la vida, es la pausa gris con el color de la actividad.

Sin conocer el gris, podríamos pasar por alto indicadores sutiles de variedad. El gris es similar a la voz baja en un salón que contradice una afirmación, el final de una frase que proporciona un momento de digestión, es como la inhalación que precede al suspiro o la exhalación. Cuando documento gráficamente, puede que no dibuje estos sutiles tonos verbales, pero sin duda influyen en la manera en que sintonizo con un rango más amplio.

De la misma manera que la luz se atenúa, que cada otoño reabsorbe las hojas en el suelo, que la naturaleza se repliega sobre sí misma para atravesar el invierno, así llega la primavera. Los bulbos, antes latentes, estallan. El color verde de la primavera y el dorado del verano regresan. Armonía.

Las emociones también tienen su ciclo, como la naturaleza.
La tristeza pasa. Vuelve la alegría.

La tristeza nos llama a notar las grietas, las sutilezas, a ralentizar, a encontrar un abanico más amplio de inclusión, a considerar el valle sombrío y así ver con más claridad la montaña bañada por el sol.

suavizar

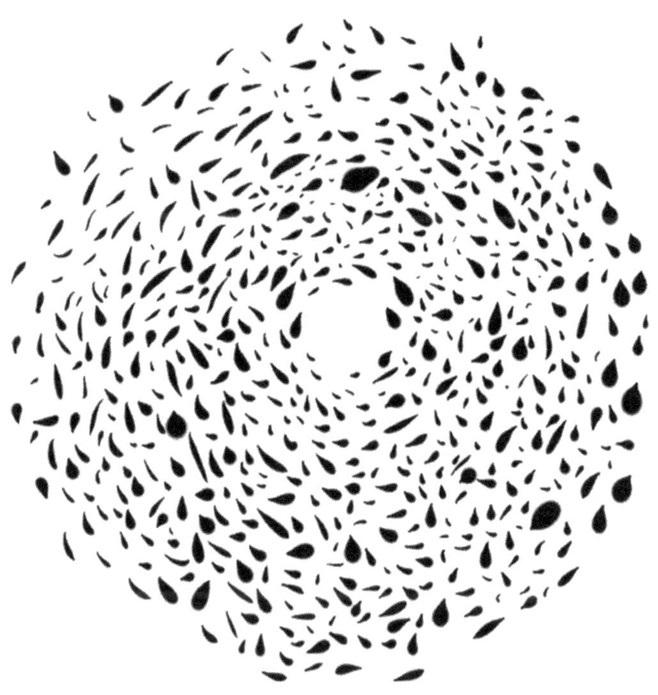

Nos suavizamos para servir, cuando aparecemos, mientras esperamos, mientras nos preparamos para unirnos, o antes de hacer un trazo.

Al igual que una manzana que está lista para ser recogida, nosotros también necesitamos preparación y tiempo para estar en nuestro punto de madurez, para servir. Hay una condición primordial para el trabajo de facilitación. Si es demasiado duro: es inflexible, seccionado. Si es demasiado blando: es maleable, y está destinado a colapsar.

A diferencia de la naturaleza que madura a su debido tiempo, nosotros debemos aprender a suavizarnos de forma adecuada y consciente en cualquier momento. Estar preparados para recibir requiere un trabajo interior que no siempre está sincronizado con las exigencias externas. Un ensayo tecnológico con luces estroboscópicas, por ejemplo, puede interrumpir fácilmente este ritmo interno más suave.

Es necesario responder a las exigencias de los demás y de la preparación, es cierto, pero la postura de "encendido" que se requiere, a veces puede producir rigidez. Si se exagera, puede hacer que nos desconectemos, reforzando una mentalidad dual: yo | técnico ... yo | contenido... yo | YO... mi yo de "aparecer y hacerlo bien, preocupada por lo que piensen y por la recompensa" | mi verdadero YO, el que tiene más sabiduría para ofrecer en una situación dada.

Con las barreras levantadas, nos protegemos de posibles escenarios negativos como malentendidos, quejas o ampliación de la situación. Así controlamos la decepción proyectada, pero, al hacerlo, también nos arriesgamos a vivir con nuestra sensibilidad encapsulada.

Existe una correlación entre lo que dejamos entrar y la sutileza de nuestra percepción, la que a su vez influye sobre nuestras elecciones y resultados.

Cuando nos "endurecemos" tratamos de protegernos, nos aislamos. Cuando nos suavizamos, nos abrimos y nos conmovemos. Conmovidos, sentimos. Se activan otros sentidos. Las defensas se relajan. La sintonía se refuerza. Se amplía el alcance. Aumenta la escucha y se abre la percepción.

Nos encontramos con un conocimiento intuitivo, que va más allá de la comprensión literal de las palabras y de los conceptos. Al estar relajados, podemos recibir y unirnos como seres porosos, no como meras esponjas que sólo absorben, sino como conductos potenciados para que fluya el significado a través de nosotros.

Suaves recordatorios que me digo, al elegir un marcador:

Suaviza los supuestos, las creencias y los juicios. Nómbralos. Aprópiate de ellos. Déjalos en la puerta de entrada. Ponte frente al muro. Toma un marcador. Baja ligeramente el brazo, como si fuera un paso para empezar a bajar la guardia.

Suavízate para ver el punto de vista del otro. Suavízate para dejarte conmover (incluso hasta las lágrimas).

Suavízate para escuchar el murmullo de la sala, para inhalar y exhalar tu respiración.

Suavízate para notar el latido de tu corazón, para notar el del otro.

Suavízate para sentir alegría, dolor, ira, confusión. Suavízate para escuchar y reconocer estas emociones, y luego facilita la transformación indagando en ellas y más allá de ellas.

Suavízate para ser fuerte. Confía en que no nos vamos a disolver al suavizarnos, ni vamos a resultar heridos, sino que nos expandiremos para encontrarnos con lo que aparezca en nuestro camino y seguiremos abiertos.

prestar atención

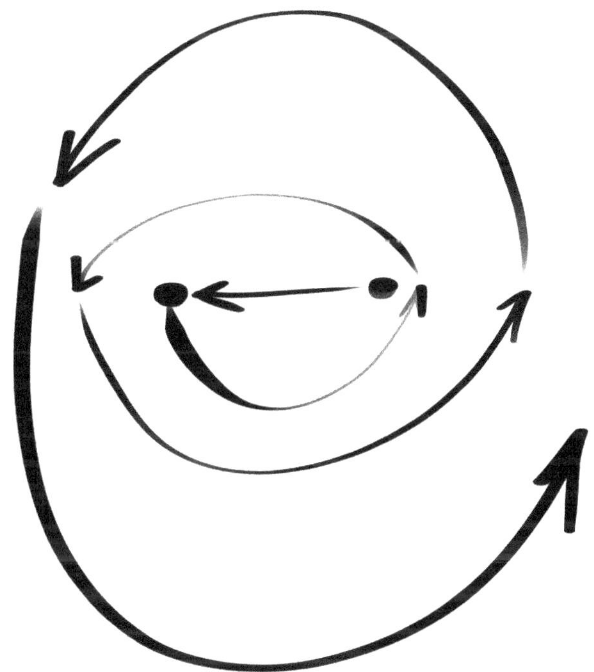

Aumentar el alcance de atención. Expandir la piel que cubre el todo. Sintonizar. Despertar.

En la práctica de documentación generativa, presto atención a muchas capas: a mi propio ser, a un grupo en el salón, a una organización a la que el grupo representa, a la cultura de dicha organización, a la sociedad que ha dado forma a esa cultura, al planeta… y, dependiendo de hasta dónde queramos llegar, al Universo.

Presto atención a cada una de estas capas de manera individual, y muchas veces de manera simultánea,como sea posible, como sea necesario.

En una pared, en cualquier momento tenemos múltiples exigencias de concentración.

Escucho una palabra, o el ruido de un bolígrafo al abrirse, o mi estómago que gruñe, o los pies que me duelen.

Y/o escucho un monólogo asfixiante que invade el aire y mi mente se llena de irritación.

Y/o salgo de mi propia burbuja para escuchar mejor a quien habla en voz baja, con un leve temblor en su voz. Me pregunto sobre la relación entre quien habla y la audiencia. Siento indecisión.

¿Qué está pasando? ¿Qué quiere pasar aquí? ¿Desde dónde presto atención?

Noto el alcance de estas demandas sobre mi foco, pero igual, presto atención a la parte específica que parece que necesita ser vista, ser conocida, al brote que busca la luz.

Al conducirme de esta manera y dibujar desde este lugar, desaparece el ruido del bolígrafo, se apaga el ruido de mi estómago, la voz temblorosa demuestra crecimiento, el monólogo se transforma en prólogo y deja de ser una serie de pensamientos aislados que hay que enumerar y caracterizar, se transforma en un hilo contextual de significado que sustenta un mensaje más amplio.

Cambié el foco de mi atención, desde la distracción al mensaje real, por eso lo que dibujo —y ahora escucho— naturalmente harán lo mismo.

El alcance de la atención corresponde a lo que aceptamos y recibimos y después, a lo que entregamos, a lo que se revela a través de la mano.

Es una relación que se expande, entre recibir y revelar, y muchas veces se potencian entre sí. Cuánto más abierta estoy, más percibo. Cuanto más noto, más revelo. Cuánto más revelo, más es visto. La atención colectiva se expande ya que la forma facilita el crecimiento.

La radiestesia descubre fuentes de agua. De la misma manera, nuestros marcadores nos llevan al momento presente. Y desde ese lugar, dibujamos.

escuchar

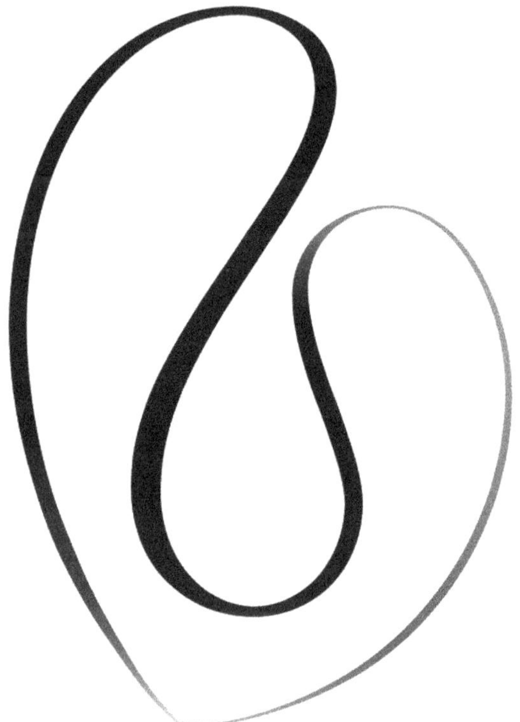

Escribí este libro de la misma manera no lineal que espero que algunos lo lean, moviéndose entre capítulos como se sientan inspirados. De la misma manera que enfrento el dibujo sobre una pared.

Escucho de la misma forma, a través de todos los sentidos: al principio de forma impresionista, como si observara la superficie de espejo de un estanque, hasta que veo un renacuajo debajo del agua y luego un pez debajo de él, y después unas rocas brillantes debajo del pez. Al dibujar, tengo la sensación de un tema general (el agua), después una estructura que organiza (el estanque). El tejido conectivo (las rocas) viene después de que las piezas individuales (los renacuajos, los peces) hayan tomado forma.

Al escuchar, prestamos atención a las partes, a las interdependencias y al significado, todo a la vez.

Cuando escuchamos para documentar de manera generativa, la imagen que toma forma al principio es vaga, como un rostro que vemos al otro lado de la calle, con rasgos ordenados pero sin definición. A medida que el rostro se va perfilando, la forma de cada ojo es claramente almendrada. La barbilla, ligeramente elevada. La boca, curvada hacia arriba en la comisura, en forma de sonrisa.

Mi compromiso con el rostro, con la persona —como mi compromiso con la palabra hablada de un grupo— se hace evidente a medida que se acerca. Cuando estoy del otro lado de la calle, o en los primeros diez minutos de una charla de una hora, me acomodo en mi lugar en el suelo y en mí misma para reunir información y darle sentido, para encontrar el significado.

Sin embargo, el significado, no viene sólo después de las partes, de la interacción o de la historia. Viene a la par. Escuchar implica una capacidad paralela para darnos cuenta de cada uno de estos elementos a medida que se conectan, a medida que se aclaran.

La escucha es el hilo conductor de cualquier práctica generativa.

Este capítulo se encuentra casi exactamente en la mitad del libro y, sin embargo, lo escribo al final, quizá porque he tenido que escuchar lo que el propio libro quiere decir... ¡¿Cómo puedo escribir sobre la escucha sin haber reflexionado primero sobre las maneras en que escucho?

Busqué en estas páginas lo que escribo en otras partes del libro sobre la escucha. A continuación, algunos extractos:

Escucho. Dibujo. Ves. Hablas. Yo escucho yo dibujo, tú ves tú hablas. Tú ves yo escucho tú hablas yo dibujo. Tú hablas yo dibujo nosotros vemos escuchamos. Así se siente. Es fluido. (Introducción)

Una vez que nos damos cuenta de una secuencia determinada, podemos escuchar atentamente para encontrar lo que falta para aflojar o ajustar la estructura y dibujar. (El diamante)

Pienso en estos niveles a menudo para guiar mi atención mientras escucho. (El iceberg) (Ver el anexo, figura 13.)

Al presenciar, escucho a lo más sintonizado de mi Ser para que me guíe. (Presenciación)

Cuando en un grupo se calientan los ánimos y se fractura, el contenedor tiene que fortalecerse para sostener mejor lo que quiere surgir. No lo hago agregando una línea o una palabra específica a la página, sino aumentando la calidad de mi escucha y construyendo la confianza del grupo dentro de mi ser. (Contenedores)

Mantenerse abierto es una habilidad clave, y el desafío de hacerlo —sin dejar de escuchar y dibujar— es constante. (Apertura)

Nos afianzamos en nuestro yo más auténtico cuando empezamos a escuchar nuestra voz interior, la que dice: *"Esto es verdad. Sí."* (Autenticidad)

Cuando nos "endurecemos" tratamos de protegernos, nos aislamos. Cuando nos suavizamos, nos abrimos y nos conmovemos. Conmovidos, sentimos. Se activan otros sentidos. Las defensas se relajan. La sintonía se refuerza. Se expande el alcance. Se amplía la escucha y se abre la percepción. Hay espacio para las intuiciones clave. (Suavizar)

Así que busco la bestia que se acerca de manera inevitable y que tengo que incluir en el dibujo. Si no la incluyo, será obvio que he pasado por alto la alusión al tema, o podría sugerir una falta de escucha o de comprensión. (Risa)

Para representar con claridad lo que dice la gente, necesito... escuchar atentamente para detectar su información… (Suspender)

Es posible que el marco conceptual te resulte fácil o no, pero considéralo una forma rápida de estructurar una pizarra y orientar la escucha. (Enmarcar)

En la pared, ¿qué quiere ser dibujado? Antes de hacer una marca, imagínala. Si no la puedes imaginar, no la dibujes. Primero, profundiza tu escucha. (Confianza)

En parte, la elección de qué dibujar es subjetiva, está basada en nuestra capacidad de escuchar; en parte es objetiva, basada en nuestra habilidad para ordenar y filtrar datos; y en parte es generativa, basada en cómo conectamos con la fuente. (Discernimiento)

Los diferentes "niveles" de escucha nos pueden ayudar a participar en un cambio de conciencia y de posibilidad. (Niveles de documentación gráfica)

Escuchamos para empatizar y para representar. (Documentación Generativa)

risa

"Un minuto está tan feliz
Después llora en las rodillas de alguien.
Decir reír y llorar
Sabes que es el mismo desahogo".[27]

Cuando estoy bajo presión tratando de hacer mi trabajo, sudando la gota gorda, ¿cuántas veces me han salvado estas líneas de Joni Mitchell? Incontables. Cuando es difícil dibujar —especialmente cuando tengo que dibujar "cosas" como piezas de máquinas o cualquier objeto, en realidad— siento un ligero pánico y quiero derretirme en el suelo. Joni me recuerda nuestra posibilidad de elegir entre derrumbarnos o quitarmelo de encima.

"¡Arrgggghh! ¡Ese maldito elefante!" Me quejo, aunque los haya dibujado en muchas ocasiones y haya observado los atajos utilizados por otros escribas. Pero una y otra vez sacudo la cabeza y lo busco en Internet. Y en esos momentos me doy cuenta de que es hora de echarme a reír.

Los animales son lo más difícil para mí porque están vivos, y parece que un dibujo bidimensional nunca, nunca, capta la energía de lo real.

¿Una cabra? Bueno. ¿Camello? ¿Buey? ¿Gato? ¿Rata? Cada vez que nombran una criatura lo siento como un trago de leche agria. (Hasta escribirlo me da escalofríos.) "Un elefante en la habitación..." Todos han escuchado eso. Todos saben lo que significa. No hace falta dibujarlo, ¿verdad?

27 Joni Mitchell, "Fiestas de Personas", del álbum *Court and Spark* (Asylum Records, 1974).

Así que busco la bestia que se acerca de manera inevitable y que hay que incluir en el dibujo. Si no la incluyo, será obvio que he pasado por alto la alusión al tema, o podría sugerir una falta de escucha o comprensión.

Por lo tanto, busco la cabra, el camello, el buey, el gato, la rata, el elefante, y hago mi mejor intento. Y después, inevitablemente, me río.

El dibujo nunca es claro y siempre requiere de una anotación. Hago una foto rápida y le envío un mensaje de texto a mi amiga y colega Sita Magnuson, que siempre se ríe conmigo. Y al compartirlo, se me pasa la ansiedad.

Ya sé, ya sé. Todos esos libros de iconos, todos esos zoológicos, todas mis tardes libres— son muchas oportunidades para practicar. Una vez, los participantes de un taller que dirigí, me regalaron un libro precioso en el que cada uno había dibujado un elefante en la primera página luego de escuchar esta historia. Ésto me alegró el corazón, pero en última instancia no eliminó mi problema.

Sin embargo, mi problema para dibujar me brinda la oportunidad de mantenerme relajada, de aliviar en parte la seriedad que rodea a un trabajo importante, de aliviar la presión autoimpuesta de una claridad inalcanzable pero deseada, de conectar con un amiga mientras estoy sola frente a una pared, de relajarme.

Al divertirnos, el corazón se eleva.

Y gracias a la risa permanezco dentro y fuera de mí a la vez, buscando apreciar, simplemente, lo que ES.

resonancias

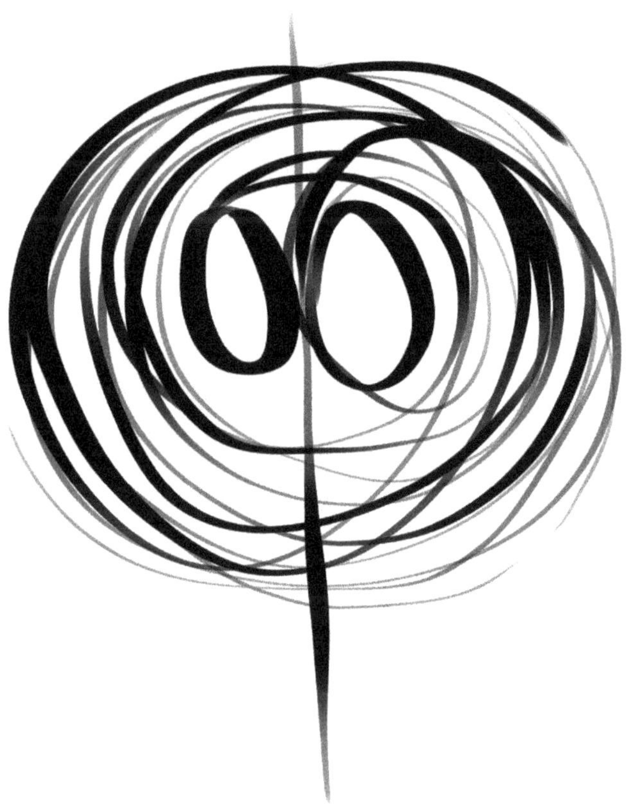

Las resonancias surgen cuando dejamos la polarización "yo-ellos" en la puerta y cada uno elige, en su lugar, un camino entrelazado: SOMOS UNO.

Puede ser una elección consciente, iluminada y espiritual. También se trata simplemente de relajarnos en el hecho de que... existimos resonando con otros en una cascada de contactos a través de cada gesto, de cada palabra, incluso de cada silencio.

Al hacer algo, como cuando le llevamos una bolsa de compras a un desconocido, hacemos contacto.

Al sentir, como cuando notamos que el corazón nos pesa por la ausencia de un ser querido, hacemos contacto.

A través del pensamiento, cuando mis ideas perduran en tu mente y las tuyas en la mía, guiando la reflexión, hacemos contacto.

Negar el impacto de estas resonancias es negar que tenemos cualquier tipo de vibración, de vitalidad. Estamos VIVOS porque respiramos y nuestros corazones laten. Emitimos. Recibimos. Magnetizamos.

Al cruzar la división inventada, a través del movimiento hacia fuera y hacia dentro, uno.

percibir

No existen sistemas separados.
El mundo es un continuo.
Dónde trazar un límite alrededor de un sistema depende del propósito de la conversación —de las preguntas que queremos hacer.

– Donella Meadows

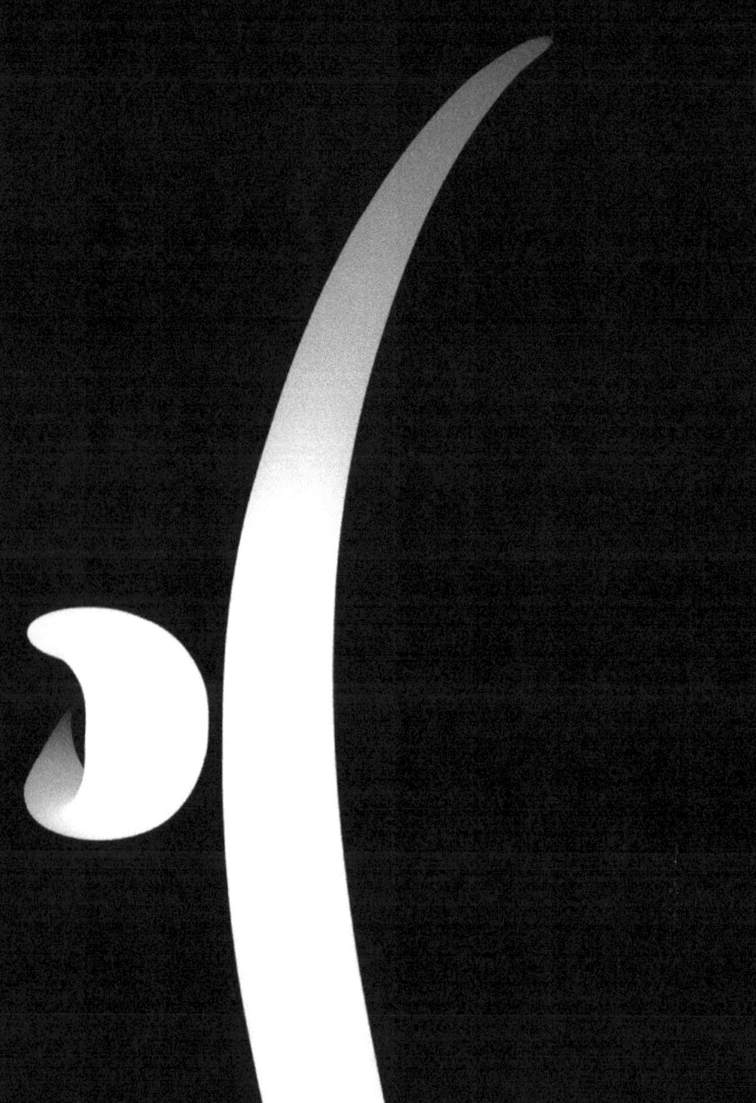

percibir

Lo que vemos nos informa sobre cómo nos orientamos para dibujar, para actuar.

Al decir ver, no me refiero sólo al resultado óptico de mirar. Lo que noto a través de mis ojos cuando miro las ramas que se reflejan en un estanque, y eso llega a mi cerebro y causa una respuesta sensorial de placer, y tal vez me lleve a notar la relación entre la luz, el agua y las hojas.

Para mí, ver se refiere más a cómo percibimos hacia dentro del pensamiento, de las estructuras y de los comportamientos de los sistemas para revelar patrones y dinámicas, para encontrar puntos de apalancamiento, y para cambiar los resultados. Ver es comprender.

"La percepción no es un registro pasivo de estímulos sensoriales sino una reconstrucción mental activa del mundo real que nos rodea."[28]

Vemos —percibimos— para diagnosticar, para comprender, para mapear.

Contemplo un estanque y me maravillo ante la belleza de los reflejos. ¿Es sólo el tamaño y el peso lo que permite que una rama flote y hace que un tronco se hunda? ¿Los alevines que buscan alimento, interactúan de manera diferente con cada parte de un árbol caído en el agua? ¿Qué parte del árbol se absorbe primero en el lecho del estanque?

Palabras = alevines. Líneas de dirección = madera. Color = luz.

28 Rainer Rosenzweig, "Percibir es más que ver", *En el Mundo de los Sentidos, FOCUS* (Tübingen: Investigación Max Planck, abril de 2001), http://www.kyb.tuebingen.mpg.de/fileadmin/user_upload/files/publications/pdfs/pdf3050.pdf

Superficie = agua, tierra, aire. Textura = hojas.

¿Cómo traduzco lo que veo, lo que percibo, en algo que tenga sentido para los demás? Y no sólo algo que tenga sentido, sino que lleve al conocimiento.

¿Qué pasa si no defino los límites del estanque, el alcance de la conversación? ¿Qué implica eso?

¿Qué pasa si me pierdo en la cadencia del que habla, en la belleza de la voz y no noto lo que está diciendo?

¿Qué sugiere mi dibujo si sólo incluyo alevines y madera —sólo palabras y dirección— sin ofrecer luz?

¿Qué pasa si incluyo cien palabras y una pequeña línea que señala otras cien palabras, en lugar de elegir veinticinco palabras al lado de una línea vertical mediana, o si resalto sólo diez palabras con una línea vertical gruesa que las separa de otras diez palabras que están cerca?

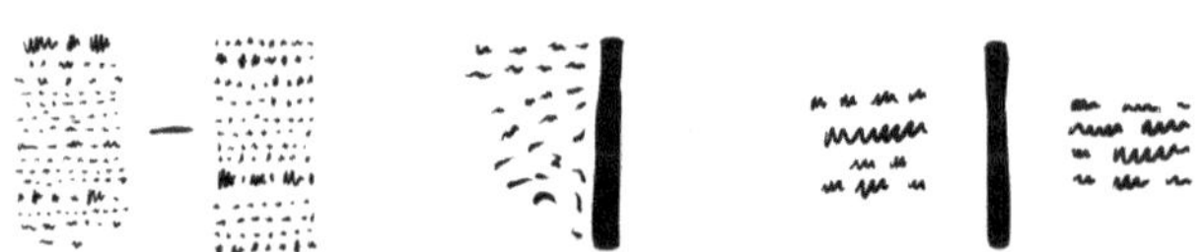

Estas diferencias sutiles importan cuando trato de transmitir lo que percibo. Cada línea transmite su propio significado. Conexión versus dependencia versus separación.

¿Qué pasa si me pierdo en los "qué pasaría si", si tropiezo en una interpretación y me alejo tanto de la imagen que ya no veo un estanque con un perímetro, y sólo veo una mancha azul oscura en medio de un bosque?

Lo importante es prestar atención. Observar. Estar alerta. Preguntar.

miedo

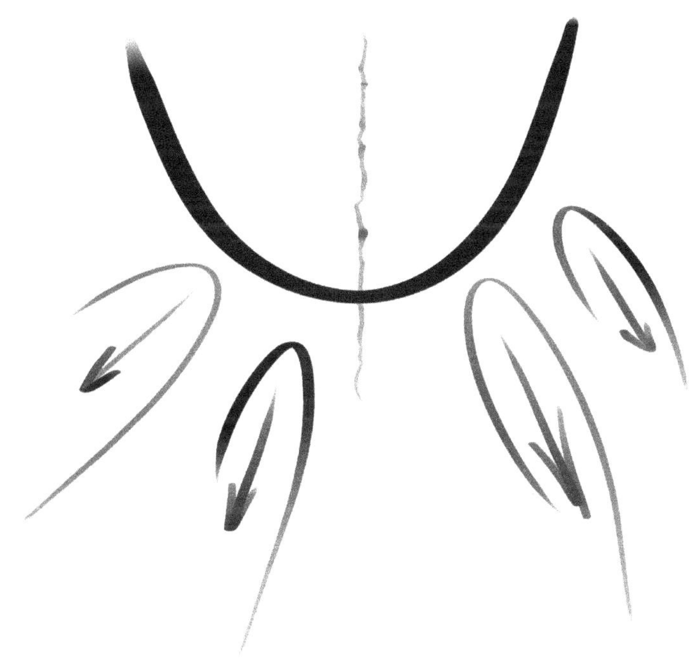

Así como la tristeza lleva a la unión, el miedo lleva a la percepción.

Hace años, un amigo me envió esta cita suelta de Ernst Cassirer:

"La profundidad de la experiencia humana... depende de que seamos capaces de cambiar nuestras maneras de ver, de que podamos alternar nuestras visiones de la realidad. El arte nos brinda una imagen de la realidad más rica, más vívida y colorida, y una visión más profunda

de su estructura formal. No estar limitado a un enfoque específico de la realidad, es una característica de la naturaleza humana, porque puede elegir su punto de vista."[29]

Había copiado la cita en una postal de "Farbtafel (auf majorem Grau)" de Paul Klee / "Tabla de color (sobre gris mayor)", 1930. Que la postal parezca colorida —con una gama de óxido, gris pizarra, corteza, tierra húmeda de Nueva Inglaterra, cielo nocturno, niebla— es testimonio del genio de Klee. A través de sus experimentos con la percepción, podía estirar la sutileza de una paleta limitada hasta sus máximos matices.

La postal apareció en el libro de John Berger *Ways of Seeing* (*Formas de ver*), del que me enamoré en 1987. De la portada del libro:

"La visión es anterior a las palabras. El niño mira y reconoce antes de poder hablar. Es ver lo que establece nuestro lugar en el mundo que nos rodea".

El libro me volvió a encontrar una mañana mientras intentaba familiarizarme con los arquetipos Junguianos, concretamente con una interpretación del Miedo como puerta de entrada a la energía del Mago. Estaba buscando orientación, porque me había acostado la noche anterior con mucho miedo por la próxima sesión en la que más de 10.000 personas estarían observando mi trabajo a distancia, desde todo el mundo.[30] Racionalmente, sabía que estaba preparada, que todo iría bien y que había mucha gente apoyando mi esfuerzo.

Sin embargo, el miedo era palpable y descartarlo habría anulado una enorme cantidad de energía que también reside en el

29 Ernst Cassirer, *Un ensayo sobre el hombre: Una introducción a una filosofía de la cultura humana* (New Haven, CT: Yale University Press, 1944).

30 La sesión se retransmitió en directo como parte de un MOOC (curso en línea masivo y abierto) llamado *u.lab: Transformando los negocios, la sociedad y el ser*, dictado inicialmente a través del MITx en 2014.

caparazón tembloroso y desagradable del miedo. Era necesario relacionarme con ese miedo para integrarlo y usarlo de manera constructiva, y no calificarlo de infundado, de irracional o incluso de irrelevante.

Esa noche también me fui a dormir preguntándome por la correlación entre el miedo y el potencial. ¿Es el alcance del miedo proporcional al alcance de las posibilidades que tengo a mano, que tenemos a mano?

"Cuando dos colores se encuentran forman un borde cuyo enorme potencial estético se puede materializar sólo si el borde es tratado como oportunidad para dibujar... A un lado tendremos solidez, y por lo tanto masa; al otro, aire y luz".[31]

¿Quizás el miedo sea el borde incómodo entre el pasado (lo que se conoce) y la posibilidad futura (lo que se percibe)?

Pero, ¿cómo puedo honrar el todo que quiere emerger si no puedo verlo? Quizá para verlo es necesario orientarme con otro punto de vista.

Sólo relacionándose con el miedo y utilizándolo como combustible, la mano se abrirá, se extenderá, dibujará.

Durante aquella sesión de una hora, interpreté mi miedo como un indicador de algún cambio necesario en mí: "yo" simplemente representaba una pequeña muestra de un cambio mayor en el que debía trabajar la comunidad global que veía la emisión.

31 Richard Hennessy, "El hombre que olvidó cómo pintar", *Arte en los Estados Unidos* (verano de 1984).

Y para crear, no podía permanecer inactiva. Tenía que levantarme. Tenía que estar. Tenía que cambiar mi relación con el miedo. Era necesario abrazar el miedo para hacerlo —tal como escribí sobre abrazar la tristeza— y, de algún modo, recibirlo como un regalo.

Cuando recordé esto, empecé a considerar más puntos de vista y más opciones. Mis esfuerzos de aquel día no eran más que un punto en un mar de puntos que muchas personas estaban activando juntas. Mi miedo era infinitamente menor que la textura formada por la posibilidad que estábamos desencadenando como cuerpo social.

El miedo es una clave para la percepción, en el camino hacia la elección.

A través del miedo, nos enfrentamos a la incertidumbre. Al atravesar la incertidumbre, experimentamos. Con la experimentación, tenemos la experiencia y podemos percibir. A través de la percepción, nos orientamos. Con la orientación, elegimos. Y al elegir, nos dirigimos a la acción.

suspender

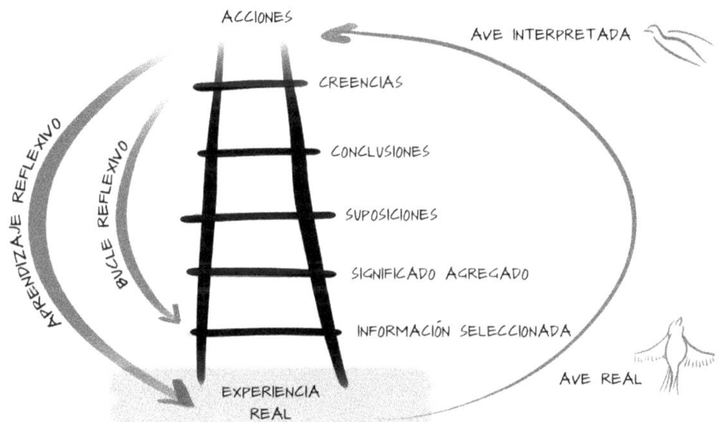

¿Cuántas veces nos damos cuenta de que estamos criticando lo que oímos decir a alguien o juzgando sus acciones? Yo lo hago, mucho más de lo que me gustaría admitir. Casi todas las veces que escucho la frase "No es posible...", algo dentro de mí se estremece y grita: "¡¿Por qué tu pensamiento es tan limitado?!"

Pero mi mentalidad cerrada no le sirve a nadie: ni a los presentes, ni a mí, ni a la persona que hace la afirmación, ni a cualquier acción que estén contemplando, ya sea cumplir un objetivo financiero anual, tratar de cantar afinado o aterrizar en Marte. Mi pregunta marca un "no" como acusación, construyendo rápidamente una negación doble, reduciendo las probabilidades.

Como escriba generativo, con el deseo de ampliar las oportunidades en lugar de reducirlas, tengo que reposicionar constantemente mi paisaje interior para suspender el juicio. Para ello es necesario verificar varios frentes: mis modelos mentales, las creencias de la gente en una sala, la cultura de una organización e incluso las filosofías del sector o de la región que están representadas.

Es demasiado fácil dejarme llevar por mi propio pensamiento o por mi estado de ánimo y cerrarme sin darme cuenta de lo que realmente está sucediendo. A veces, cuando documento gráficamente, me preocupo demasiado por la legibilidad de mi letra y mi ortografía. El perfeccionismo se instala en mí y pierdo de vista la secuencia real de las palabras. Otras veces no estoy de acuerdo con lo que dice alguien y enfrento mi resistencia a incluir sus ideas en la imagen.

Una vez, en una sesión de muy alto nivel sobre finanzas mundiales (donde necesitaba una credencial con un holograma especial para entrar en el salón), tenía los nervios a flor de piel al enfrentar el nivel de poder que estaba presente.

Llegué suponiendo que había factores diplomáticos en juego que impedían tener conversaciones de calidad, y que lo que pasara en ese salón no tendría realmente influencia sobre las decisiones. ero, ¿qué sabía yo? (y en este caso, no fue así.)

Revisa la información, mantén la mente abierta y sal del medio.

Un marco de trabajo fundamental que uso para suspender el juicio es la Escala de Inferencia, que describe la escala de pensamiento entre la información basada en la experiencia y la acción basada en las creencias. Aunque todos los escalones existen en el "ahora," la parte superior de la escalera tiende a oscilar de manera más abstracta en la memoria, y la parte inferior aterriza de manera más sólida en el momento presente.

Este es un resumen de los escalones:

Creencias: Las cosas que consideramos verdad y absolutas. *Para que alguien reconozca el pájaro que dibujo, tengo que representarlo volando.*

Conclusiones: Decisiones basadas en el razonamiento. *Los pájaros se reconocen mejor cuando están volando.*

Suposiciones: Las cosas que son aceptadas como verdad o que probablemente ocurran. *Los cardenales, y todos los pájaros, deben volar mucho.*

Significado agregado: Lo que se interpreta o se infiere de una palabra, de un texto, de un concepto o de una acción. *Para encontrar suficiente comida todos los días, los cardenales deben volar en varios jardines.*

Información seleccionada: Hechos y estadísticas elegidos para referencia. *Los cardenales comen de superficies planas y van y vienen libremente.*

Experiencia real: Contacto práctico con hechos o eventos o situaciones. *A veces, con mi hermano miramos a los cardenales comiendo en su jardín.*

Bucle de reflexión: Las creencias a las que nos aferramos influyen sobre nuestra selección de información y acciones futuras. *Dibujo aves volando y observo las aves yendo y viniendo, pero no dibujo ni miro los pájaros que están en las ramas o en el suelo.*

Aprendizaje reflexivo: Mirar más atentamente para aumentar nuestra comprensión. *Me cuesta mucho dibujar animales, pero mis dibujos van a mejorar si miro atentamente a los pájaros reales en diferentes lugares y tomo nota de su variedad de formas.*

Y este es un ejemplo completamente conductual —de la vida, no del proceso de documentación gráfica— comenzando con la experiencia, y después saltando de un nivel a otro, como se vaya dando:

Llamo a mamá y le pregunto como está (basado en la experiencia). “Bien”, me contesta (información).

Pero, pienso, “su voz está baja y sus palabras lentas” (información). No SUENA bien” (significado agregado) “¡Oh, no! Esta va a ser una de ESAS conversaciones incómodas, cargadas de indirectas” (suposición).

¿Ven lo rápido que di ese salto?

Luego pregunto, “¿qué está pasando?” Estoy tratando de averiguar, para volver a su experiencia real. “No, me estoy preparando para ir al dentista. Viene el plomero al mediodía, después voy a mi grupo de lectura” (mucha información).

Pero en mi cuerpo, en mi corazón, estoy escuchando algo detrás de las palabras, en su tono, y no puedo evitar pensar que algo más está pasando (conclusión).

Estoy sustituyendo mi realidad inventada, que en mi cabeza suena como *“Bien no quiere decir bien”* (creencia), por su “Bien” (información). Y estoy segura de que mi interpretación es correcta.

Pienso, *“mi madre está escondiendo algo. Tal vez está tratando de protegerme o de no molestarme. ¡Y claramente no quiere hablar de eso ahora! Esta conversación no va a ser importante. Mejor corto.”*

Otra vez, ¿notan lo rápido que escalo? Y al hacerlo, me perdí en mi propia historia sobre la llamada, me puse a pensar, dejé de escuchar a mi madre y terminé la llamada antes de tiempo.

Mi creencia reforzó mi experiencia, lo que seguramente influirá en mi manera de escuchar y en lo que experimente y escuche en el futuro, llevándome a subir la escalera otra vez en una llamada futura.

Pero volvamos a cómo se aplica esto a la documentación gráfica...

Para representar claramente lo que la gente está diciendo, tengo que ser consciente de lo que escucho y de lo que elijo representar. ¿Alguien está llegando a alguna conclusión? Si es así, puedo escuchar sus suposiciones, el significado agregado y la información. Si no es fácil detectarlos, entonces puedo elegir si incluir o no su conclusión.

Al escuchar la palabra "futuro", ¿supongo que todo el grupo está enfocado hacia adelante? Tal vez algunos de ellos tengan dudas o preocupaciones, y yo he dejado de escuchar esas otras voces.

Sacar la información a la superficie requiere "bajar la escalera." Como escribas, siempre tenemos que volver a las palabras reales, independientemente de lo que nos haga reaccionar ni de los objetivos que tengamos para el resultado de la sesión.

Si algo no es claro, haz una pausa. Desacelera.

Verifica el razonamiento. Aparta la vista de la pizarra y acércate mentalmente a las palabras, a la persona que está hablando, a la información. Ponte en su lugar. Habita otro punto de vista. Resiste el impulso de dibujar hasta que vuelvas al suelo.

Este tipo de investigación en tiempo real, puede ser un obstáculo para el estado fluido que necesitamos; verificar la exactitud de lo que pensamos que escuchamos, puede quebrar el momentum de prestar atención a las palabras que siguen, y a las que vienen después de esas. Pero una interpretación acertada es invaluable contra cien ideas mal comprendidas.

Una imagen documentada gráficamente sólo vale más que mil palabras si representa un despliegue de referencias reales.

enmarcar

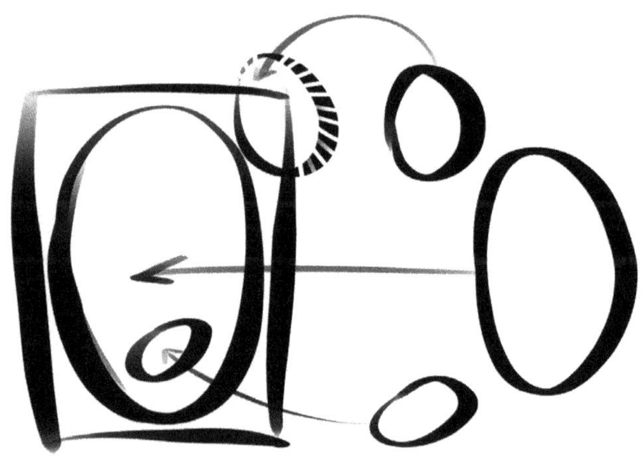

Enmarcar es señalar las fronteras: los límites, las aperturas, las opciones. Los marcos ayudan a compartimentalizar y también a definir áreas que después podemos conectar mediante relaciones. Enmarcar lo físico y enmarcar nuestro pensamiento son procesos paralelos y ambos son necesarios en la práctica visual; yo organizo la información en mi mente *mientras* organizo las palabras y las formas en una página.

Una forma de entender un marco es desde lo físico.

Los marcos pueden ser los bordes protectores de una forma en dos dimensiones, como el marco que rodea una ventana o unas gafas. Los marcos dibujados pueden parecer cajas o círculos. El borde exterior del papel también representa un marco, al igual que las cuatro paredes de una sala de conferencias que contienen una exposición de trabajos terminados.

Enmarcamos el contenido para darle coherencia contextual. Agrupamos ideas similares y rodeamos la agrupación con una línea cerrada. Pero enmarcar no es sólo meter cosas en cajas o juntar cosas similares.

En realidad, enmarcar es crear las condiciones para la toma de decisiones.

Con las proporciones y la proximidad de lo que incluimos y excluimos, establecemos un límite que informa al participante-espectador sobre lo que está dentro y lo que está fuera. Con esa información, la gente puede tomar decisiones sobre cómo situarse en relación con lo que transmite la imagen: se unen a un equipo o no. Amplían un nuevo producto o reducen sus operaciones.

También se puede entender el enmarcado de forma conceptual, relacionada con las lentes que utilizamos para organizar lo que escuchamos e intuimos.

Muchas veces utilizo modelos como andamios para mi pensamiento. A veces lo hago en la planificación previa a la sesión con un cliente; otras veces ocurre al inicio, rápido ante la pared, casi en el primer minuto. Recuerdo la intención del cliente y el resultado esperado, que puede estar orientado a la acción o a la reflexión, y busco en mi banco de memoria una estructura suelta, una especie de columna vertebral. Y la uso como columna vertebral de mi forma de escuchar.

Un marco de trabajo infalible es el modelo de Tensión Creativa de Robert Fritz.[32] A menudo lo dibujan con la Realidad Actual en la parte inferior, la Visión en la superior y con la parte central representando la tensión creativa —o estructural— entre las otras dos.

32 Ver imagen en el capítulo "Elección" y más información sobre este modelo.

Podría estar en una sesión en la que hay una expectativa muy clara y todo lo que se necesita es bajar un poco a tierra para establecer un punto de partida para la acción.

O podría estar escuchando una conversación sobre estrategia y notar palabras que indican un enfoque conservador, una preferencia por las condiciones existentes. La gente podría decir "¿Para qué arreglar algo que no está roto?" o "No sé... las cosas parecen ir bien desde mi punto de vista" o "No tenemos capacidad para producir 100 unidades más este año". ¿Qué interpreto de este tipo de afirmaciones? Una inclinación hacia la seguridad, la preservación. A este marco mental lo llamo internamente "realidad actual" y reservo la parte inferior del tablero a estos comentarios.

Y tengo curiosidad por saber si esto significa que hay pocas expectativas en el grupo, pero aún no hay palabras o datos que lo confirmen. Entonces, para reservar un lugar para las aspiraciones, dejo mentalmente un área vacía en la parte superior del tablero para la "visión". Es como poner un plato para una comida que todavía se está cocinando: el incentivo para completar el plato puede aumentar porque el plato está ahí.

Como escribas, enmarcamos para brindar estructura.

El enmarcado que tengo en mi mente influye en la organización del dibujo que hago, en lo que ven los demás. Lo que ven, influye en su comprensión de las estructuras que están en juego. La figura 16 del anexo es un buen ejemplo, allí utilicé una gran línea de tiempo para centrar la atención en la oportunidad entre lo que podría ser y lo que es, en lugar de presentar una estructura centrada solo en el hoy.

Tanto si el marco conceptual te resulta fácil o no, recuerda que es una forma rápida de estructurar una pizarra y de orientar la escucha. Del mismo modo, si te resulta fácil ver las cosas desde un punto de vista, considera la posibilidad de desplazar tu mirada para cuestionar tu propio marco y los marcos de los demás.

reenmarcar

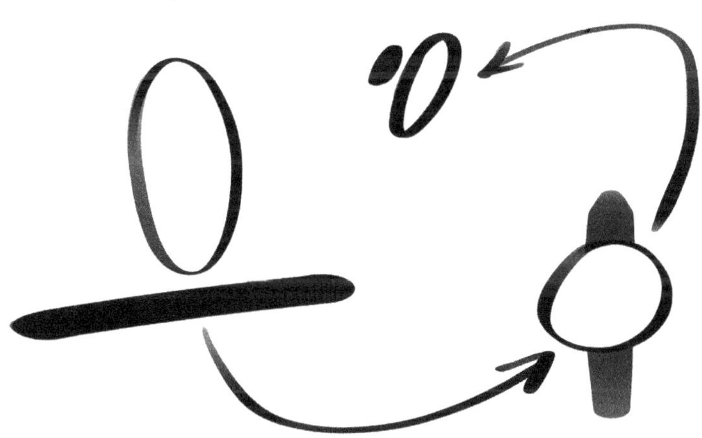

Reenmarcar es imaginar la misma idea desde un punto de vista nuevo, desde una nueva perspectiva.

Tomamos una idea y la damos vuelta al revés para verla de otro modo y para ayudar a los demás a verla de una manera diferente, y al hacerlo, abrir más aún la puerta a otras posibilidades.

"¡Está lloviendo! Tenemos que quedarnos en casa" se convierte en "¡Se está regando el jardín!". No es una cosa o la otra; son ambas, cada una apoyada en una perspectiva diferente.

Las emociones nos dan otro ejemplo. Cuando sentimos algo muy fuerte, como la tristeza de separarnos de un ser querido, podemos cambiar la forma de relacionarnos con esa tristeza: "Te echaré de menos" puede convertirse en "Estaré deseando volver a estar contigo".

Si entro en una sala de reuniones como escriba, suponiendo que habrá una superficie despejada y lisa en la que dibujar, pero en lugar de eso encuentro rotafolios pegados por todas partes y ninguna pared limpia, tengo que replantearme rápidamente mi enfoque. Tengo que encontrar otra estrategia, cómo colocar caballetes con rotafolios en un rincón o pegar papel en una ventana. Para seguir presente y realizar el trabajo, debo reconfigurar las condiciones en mi mente. "Paredes completas" se convierten en "Esquinas abiertas".

Quedarnos apegados a un marco nos encadena y nos permite ver un sólo punto de vista, mientras que ser capaces de reenmarcar nos permite ver las cosas desde múltiples perspectivas.

Otro ejemplo tangible viene de una vez que me pidieron que documentara en una conferencia de la industria del petróleo y el gas, en la que se hablaba del fracking (fracturación hidráulica). Como me considero ecologista y he trabajado conscientemente con organizaciones dedicadas al clima y a las especies, pensé que sabía en lo que me estaba metiendo, pero entonces...

De pie en el escenario, sabiendo que los dibujos se expondrían en el vestíbulo principal del hotel en cada pausa, me cuestioné lo que había hecho y me di cuenta de que no había escapatoria. Había asumido un compromiso y tenía que cumplirlo. Una presentación tras otra, se centraron en cómo aumentar las ventas de petróleo y gas, cómo desarrollar la experiencia local y aumentar la seguridad en las plataformas, todo ello para aumentar la inversión en fracking. Tuve un nudo en el estómago todo el tiempo. Me preguntaba cómo podía estar apoyando esto.

Sin embargo, otra parte mía sabía que para hacer un buen trabajo para la sala y para el cliente, tenía que dejar de lado por un momento mi postura personal. Mi oposición al fracking no cambió, pero pude reenmarcar mi postura, de una totalmente cerrada a otra más abierta.

Y al elevar mi nivel de curiosidad, también se abrieron mis ojos. La gente en la sala tenía pasión por aumentar su negocio. A mí me apasiona la energía sostenible. Nuestras pasiones eran contrarias, pero igualmente fuertes. Tal como yo quisiera que se respetaran mis puntos de vista, tenía que encontrar la manera de respetar los suyos.

Al recordar esta experiencia, me doy cuenta de que una necesidad de reenmarcar puede estar vinculada a menudo, a creencias muy arraigadas; las veces que tuve que volver a considerar mi enfoque, casi siempre ha sido por estar en la parte más alta de la Escalera de Inferencia. Para suspender mis creencias y mis suposiciones, he tenido que entender rápidamente la información que se presenta y/o trabajar para comprender cuál es el punto de vista de otras personas.

Llegar a la información nos facilita la habilidad para cambiar de rumbo.

Reenmarcar nos puede facilitar nuestras relaciones. Si puedo dar vuelta una cosa para verla desde tu punto de vista, quizá pueda entender cómo ves las cosas.

Como escriba, puedo intentar que la gente ponga atención al presentar la información de una forma nueva, es decir, representando el horizonte como un arco en lugar de una línea recta. Así, tienen una imagen nueva para mirar, sobre la que se pueden poner de acuerdo o discrepar y, en última instancia, pueden hacer avanzar su pensamiento.

Reenmarcar se relaciona directamente a ver con ojos nuevos.

En cuanto soltamos nuestros supuestos, abrimos una ventana a la interpretación y a la intuición.

tiempo

Hay tres maneras de considerar el tiempo en mi trabajo: "a lo largo del tiempo", "en el momento" y "a su debido tiempo". Me parece que el contenido se presta para distintos tipos de presentación en cada caso. Y me doy cuenta de que cuando soy capaz de reconocer la manera en que el tiempo está siendo considerado, implícita o explícitamente, por un grupo o por un presentador, cambia mi postura y mi manera de encarar un dibujo.

Al dibujar **a lo largo del tiempo**, tengo en cuenta la cronología, dibujo los eventos en secuencia de pasado, presente y/o futuro. Imagina que caminas *a través* de un bosque, donde el entorno cambia a medida que avanzas por el sendero. Mi dibujo podría incluir una línea de tiempo (ver el apéndice, figura 16), o podría usar un estilo ilustrativo de metáforas para contar la historia. Este tipo de documentación gráfica se adapta mejor al nivel conductual del iceberg.

Cuando dibujo **en el momento**, represento una idea fija que puede servir como registro de un punto de vista importante. Imaginemos que vemos la extensión de un bosque *desde arriba*, dentro del cual hay elementos visuales que atrapan nuestra mirada como copas de árboles, arroyos y estanques. Mi dibujo podría incluir formas abstractas y conectores para representar conceptualmente una visión. O podría recrear literalmente el marco de trabajo que alguien presenta (ver anexos Figuras 14 y 15). Este tipo de documentación suele ser adecuada para el nivel estructural y el nivel de modelo mental del iceberg.

A su debido tiempo es cuando entra en juego la documentación generativa. En este sentido, podríamos comparar el tiempo con estar *en* un bosque y moverse con naturalidad sólo cuando uno tiene ganas de moverse, según nos inspira el espíritu o la intuición. En este tipo de tiempo, que suele ser lento y está alineado con la respiración y los latidos del corazón, puedo dibujar una línea o una textura. La forma es lo que indica la sensación esencial del momento (ver anexo, Figura 17). La documentación generativa se adapta al nivel de visión del iceberg y funciona cuando un grupo está operando a nivel de la presenciación y de la fuente. Cada planteamiento recibe información de la conciencia del contenedor y del campo.

Al comprender la visión del tiempo de una persona o de un grupo, podemos seguir y enmarcar de manera más adecuada lo que se despliega.

Recibir información previa de un cliente sobre sus objetivos y expectativas puede facilitar mi enfoque del dibujo. Si un orador está relatando una trayectoria profesional, es importante utilizar palabras e imágenes específicas para representarlo.

Si un equipo está en un retiro anual para explorar cómo mejorar su trabajo juntos, tengo que darme cuenta de las dinámicas y utilizar formas y conectores para revelar lo que funciona y lo que no (ver el capítulo “El Diamante” en la sección “Modelo de práctica”).

Si un grupo se reúne para aprender y reflexionar, trato de crear las condiciones visuales que les ayuden a entrar e instalarse en un ritmo más profundo, dibujando de forma abierta e impresionista

La manera en que elegimos representar el tiempo es lo que guía la manera en que se recibe la información.

Cada método de documentación gráfica prepara el terreno para una interpretación diferente.

Un dibujo con un principio y un final, *a lo largo del tiempo*, implica una transición y sugiere un cambio. Esta idea puede resultar incómoda dependiendo de la posición de la persona. O bien, el dibujo puede ser simplemente una muestra objetiva de información que ayuda a la gente a tomar decisiones.

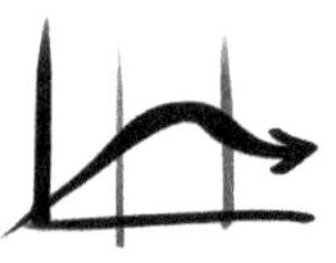 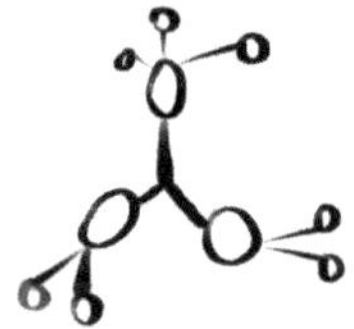 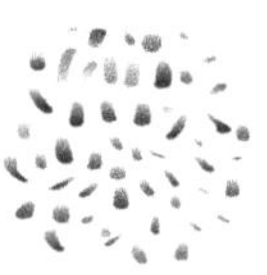

Un dibujo fijo, *en el momento*, puede confrontar a la gente con su forma de pensar y con su forma de organizarse para hacer que las cosas se concreten. Es una configuración útil para enmarcar y reenmarcar, porque nos proporciona una foto instantánea de una dinámica. Si un equipo está atascado, hacer un mapa de las desconexiones entre sus miembros, les puede ayudar a ver qué es lo que no funciona.

Trabajar *a su debido tiempo* es una buena manera de reforzar la confianza en una sala. Nos alivia la presión de tener que rendir ya que no hemos fijado un objetivo, y no desafía nuestro pensamiento. Nos proporciona amplitud, permitiendo que el escriba haga más visible el campo social y cuide el espacio sagrado para que salgan a la luz nuevas intuiciones. El aspecto de los dibujos es secundario, lo importante es el tono que transmiten.

A veces, estos estos planteamientos sobre el tiempo están entrelazados.

Un caso *a lo largo del tiempo* podría incluir alguna reflexión y terminar con una estructura *en el momento*. Una organización que quiera adaptarse a un mercado cambiante, podría poner en marcha una serie de talleres para sus empleados. Los talleres incluyen tiempo para conversaciones más profundas y el resultado es una nueva estructura organizativa.

O esa misma organización puede tener una estructura que ya no funciona bien. Destinan tiempo a renovar y replantear lo que se necesita. El resultado es una transición por etapas para contratar y formar a nuevos talentos.

O puede que una organización esté a punto de fusionarse con una empresa mayor, entonces la mayoría de los empleados se encontrarán en una nueva estructura. La adaptación y el ajuste ocurren a nivel individual. Cada persona debe idear un nuevo plan.

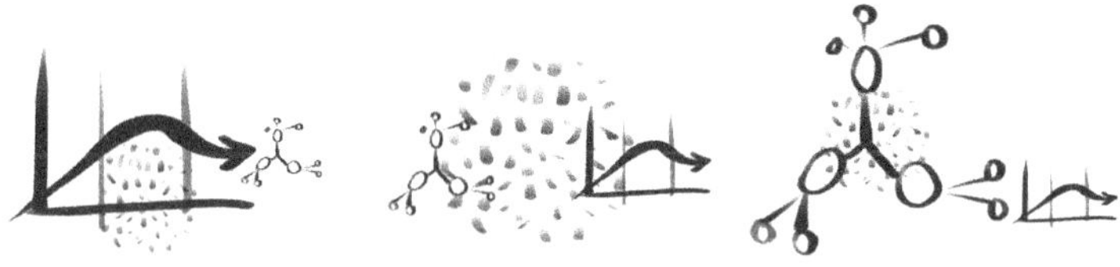

En cada uno de estos casos, un escriba podría trazar un mapa de todo el proceso y representar visualmente cada parte de la secuencia de una manera diferente, en hojas de papel separadas que encajan entre sí como un flujo mayor. En la Figura 6 del anexo, el panel izquierdo representa el pensamiento actual “en el momento”, el panel central aborda el desarrollo deseado “a lo largo del tiempo” y el panel derecho representa una conversación “a su debido tiempo”.

Tengo la impresión de que muchos clientes que recurren a profesionales visuales, no están conscientes de su manera de pensar el tiempo. Entonces, ofrecerle a una organización una imagen contextualizada de su sistema puede ser un regalo de un escriba generativo, una imagen que presente algunas opciones básicas a sus integrantes para relacionarse con su paisaje, con su bosque.

saber

No exijo que toda obra sea una obra maestra.
Lo que estoy haciendo es lo correcto para mí;
eso es lo que soy y esto es vivir.
Me refleja y yo la reflejo a ella.

– Louise Nevelson

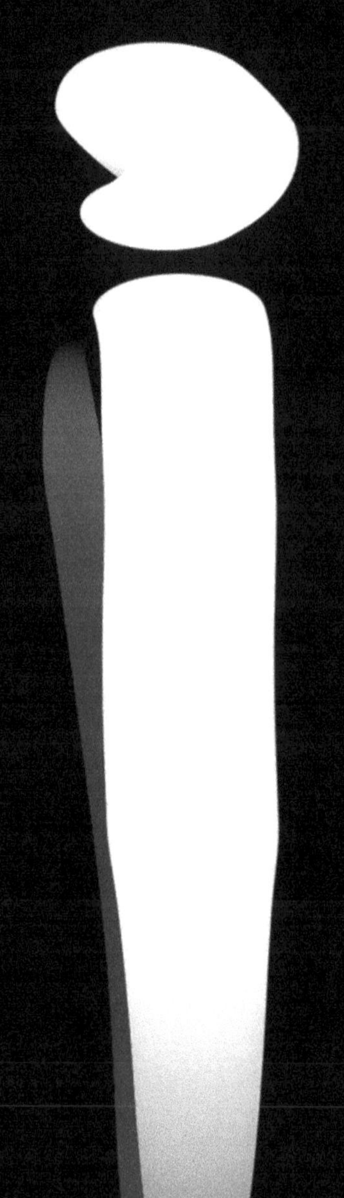

saber

Enfocar.

Aclarar.

Intuir.

Decidir.

Extraer la esencia (y eliminar lo superfluo).

Arrancar la maleza que nos impide abrir camino hacia adelante.

Poner una estaca en el suelo para la verdad.

Enraizar.

Lo que está destinado a ser visto en la página, se hará visible, ahora o en algún momento, a través de alguna mano, en algún lugar.

Si no está visible ahora, no está listo para ser visto.

ira

Una vez acepté reemplazar a una colega, aunque no conocía a su cliente ni tenía una relación cualitativa establecida. Y fue una experiencia transformadora, porque en el momento me enojé, pero me llevó a tomar una decisión profesional que conservo desde entonces.

La ira, un portal emocional para la energía del arquetipo del Guerrero, nos puede guiar hacia el discernimiento y la claridad.

Me encontraba en el salón de un hotel, lleno de hombres de mediana edad vestidos formalmente, que eran la gerencia de una empresa consultora grande. Mis instrucciones eran "Que quede lindo, queremos algo 'sexy'." En mi opinión, ya estábamos empezando mal.

Varios factores dispararon mi sensación de disgusto, incluso de ira. Al prepararme para la reunión, no tuve conversaciones directas con el equipo del cliente sobre el contenido del programa, sobre el público, la intención, ni lo que esperaban del rol de los gráficos. Esto me llevó a suponer (alto en la Escalera de Inferencia) que los dibujos se iban a usar a corto plazo, sólo para ese día, en ese espacio, y tenían que ser impactantes visualmente como exposición.

Pero me había comprometido al trabajo, así que allí estaba. Hace tiempo que olvidé el tema de la sesión y lo que se dijo. Lo único que recuerdo fue un momento desafortunado.

Fue en el 2005, antes de los teléfonos inteligentes y las redes sociales, y el grupo estaba ocupado en lograr una complicada simulación basada en computadoras. Mientras se tomaban un descanso, los técnicos instalaron una máquina en cada mesa. Cuando el grupo volvió, la tecnología todavía no estaba lista y se empezaron a impacientar.

El equipo de planificación empezó a llenar el vacío repartiendo pelotas Nerf, que son suaves, pero no *tan* suaves. Y entonces, casi como guiados por un instinto primario, el grupo se dividió en dos. Más de cien hombres empezaron a tirar pelotas de fútbol americano de gomaespuma por toda la sala. Me parecía juvenil, fraternal, y casi increíble, todo al mismo tiempo.

Ahí estaba yo —con mi caballete, cerca de mi bandeja con más de treinta marcadores organizados por color, intentando evitar que todo se cayera— cuando me pegó una pelota por detrás de la cabeza. Nadie me había apuntado a propósito, pero igual, fue un tiro directo y me sorprendió. Estaba *enojada* (no voy a detallarles los epítetos desagradables que atravesaron mi mente).

Mi ira explotó en un instante como fuego caliente, desde las entrañas hacia el corazón. Me sentí invisible, inútil, mi trabajo y mi esfuerzo no tenían importancia. La ira me llenaba y rodeaba. ¿El único resultado positivo? Resolver.

Escribí en una servilleta: *nunca más*. A medida que mi ira aumentaba, algo dentro de mí buscaba acción. Ya que estaba allí contratada de manera temporaria para apoyar, debo haber intuido cómo superar el momento actual y prepararme para condiciones más constructivas en el futuro.

Se fortaleció mi voluntad. En la misma servilleta, escribí una lista de situaciones molestas que, con el tiempo, transformé en un conjunto de principios que guían *todo* mi trabajo: relacionarme directamente con mis clientes; tratar de sentir la cultura de la organización, y sólo asociarme con aquellos que tienen una cultura con la que puedo alinearme; comprender el propósito y las expectativas antes de aceptar cualquier proyecto; conocer el ambiente y el diseño de la sesión antes de llegar al lugar; sólo trabajar donde el respeto sea un valor compartido; cuando me enoje nuevamente, refinar estos principios.

confianza

Los escribas deben confiar en su propia habilidad, y tiene que existir confianza entre el escriba y el cuerpo social participante.

Cuando la gente se junta para una reunión, es común que exista tensión entre lo que se suele entender y lo que no es tan claro. Algunos conceptos aparecen con claridad, como: "¡Nosotros definimos el futuro!" Pero algunas veces el contenido da vueltas, y para poder descifrar el significado, el escriba tiene que ser paciente y sintonizar con quien habla de manera más fina aún, con su tono de voz, con las palabras que elige y con la manera en que las usa. Por ejemplo, una vez estaba en una sesión de tres días, justo después de la votación por el Brexit, cuando un funcionario del gobierno escocés dijo lo siguiente, casi literalmente, en este orden:

"¿Por qué esto, y por qué no otra cosa? Subestimamos lo difícil quse es revertir la manera en que estamos trabajando. Se nos pide que deconstruyamos nuestra identidad, nuestra coraza, nos piden que seamos vulnerables... para eso necesitamos estar enraizados. Podemos construir la capacidad para manejar la ansiedad que genera el sistema. De esta manera se une, de forma única, el ser y el trabajo y te adentras en un viaje interior."

No estaba segura a qué se refería "esto" y "otra cosa", pero a medida que él hablaba, yo apuntaba sin parar en mi diario, desesperada por seguir con precisión las palabras y captar la idea clave. Todo parecía ser muy relevante, pero no confiaba en mí misma para filtrar sus palabras a través de mis oídos solamente.

Después, al revisar mis notas, le agregué al gran dibujo en la pared: "Subestimamos lo difícil que es cambiar", la frase que dio vuelta mi corazón de arriba a abajo y que parecía resumir el tono de toda la reunión. (Ver anexo, Figura 31).

Extraer esta gema, o cualquier otra, requería prestar atención a la expansión completa de lo que se decía, mientras me aferraba a la creencia de que el punto clave estaba ahí y lo descubriría cuando estuviera lista; cuando yo estuviera lista para recibir el mensaje y cuando el mensaje estuviera listo para ser recibido.

La confianza se ejercita dentro de la fortaleza de los contenedores, en espacios de contención mutua.

Es probable que mis trabajos más importantes los haya realizado en ambientes y en relaciones de verdadera confianza. Me doy cuenta de que la confianza que existe en una sala se relaciona directamente con la confianza en el contenedor, elevando mi capacidad y estableciendo un lugar en el que las piezas inconexas pueden encajar.

Una querida colega me pidió una vez que hiciera un trabajo para honrar el vigésimo aniversario del musical del "Rey León". Mi reacción inmediata fue: "¡Yo no! Todos van a querer ver dibujos con animales y otros personajes que reconozcan del musical." Evité responder y empecé a pensar cómo declinar de manera elegante.

Pero mi amiga, que me conoce, conoce mi trabajo y mi reticencia a desilusionar a las personas, insistió. Y aclaró: "Confío en que hayas recibido mi mensaje sobre un día de planificación. Entendiste que no vas a estar dibujando personajes, ¿sí?" Lo que ella quería era "precisamente lo que haces para cualquier grupo o empresa: capturar el espíritu y el flujo de lo que está ocurriendo." Y allí está —literalmente y entre líneas—: *la confianza.*

Y en efecto, cuando nos encontramos para hacer el mapa del proyecto, conversando todo el tiempo y esparciendo notas adhesivas en el piso, apareció instantáneamente la dinámica que lo sustenta y el dibujo surgió inmediatamente después. La confianza en la relación nos había llevado directamente a confiar en el resultado.

Desarrollar la confianza toma tiempo. Es un músculo. Es elástica y puede volver a contraerse al menor descuido.

Estas son algunas reflexiones de un día en el que nada estaba claro. Son recordatorios de un yo más sabio a un yo en pánico, y ahora los veo como maneras de fortalecer el músculo de la confianza.

Deja ir la urgencia. Aumenta el cuidado. Desacelera. Anda lentamente. Respira. Aumenta la paciencia.

Conecta con la Fuente. Comprende que este es el cimiento. Accede a ella y quédate con ella.

Conviértete en el contenedor. Envuelve la totalidad de lo que puedes ver, lo que sea que percibes. Amplía. Sostiene.

Escala. Mantén el momento presente en perspectiva. Este dibujo es solo una gota en un vasto océano de dibujos. Este día es uno de miles.

Siente. ¿Qué quiere dibujarse en la pared? Imagina una marca antes de hacerla. Si no puedes imaginarla, no la dibujes.
Primero, profundiza la escucha.

Busca entender. Solo puedes representar lo que sabes. Amplía los límites de tu modelo para expandir tu capacidad de hacer sentido.

La confianza toma forma a través de la mente y de la mano, pero es ante todo un músculo del corazón.

Parece que mi corazón se relaja cuando actúo desde un lugar genuino dentro de mí, y tengo la aspiración de que los demás también lo hagan. A partir de ahí, crece la confianza. Y luego —con lo que aprendemos, con la alegría, la dificultad y los avances— la confianza se amplifica.

equilibrio

Una colega, Lili Xu, me explicó una vez la interpretación del símbolo de su cultura china yin/yang como aceptación/deseo. El símbolo se conoce como una resolución de opuestos; representa una filosofía de equilibrio interconectado.

La oscuridad no existe sin la luz. La muerte no existe sin el nacimiento. El trazo de una pluma no existe sin una superficie.

Este breve intercambio me llevó a preguntarme por la armonía entre lo desconocido, a través de la aceptación (yin), y lo conocido, a través de la aparición del deseo (yang). La documentación generativa puede producir y representar este equilibrio para el participante-espectador.

Además, los dibujos del escriba estimulan el pensamiento.
Me pregunto entonces: ¿este pensamiento impulsa aún más el deseo, una especie de anhelo por algo que aún no hemos logrado, algo "ahí fuera", que hay que alcanzar?

¿Estoy solamente creando las condiciones que refuerzan la reflexión, reforzando de esta manera solo la energía yang?

¿O también estoy creando condiciones que pueden desacelerar la mente, haciendo espacio para la relajación?

¿Cuál es la estructura que pongo en escena, para la acción y la reflexión, a partir de lo que dibujo?

Si mantengo una sensación espaciosa, tanto para el ojo como para la mente, ¿se percibirá como "no lo capturó de manera suficiente" o podría experimentarse como un alivio, o como algo que proporciona espacio para el pensamiento y la introspección?

Yin: lo que queda intacto en una superficie, vacío.

¿Qué palabras se dicen pero nunca llegan a la pared? ¿Está bien no reflejar cada fórmula y cada título de una presentación? ¿Cuándo está quieto el escriba frente a la pared, de manera consciente, fomentando una pausa?

Yang: lo que se activa mediante la marca.

Si les presento a la audiencia-participante una pizarra llena, ¿sobresatura eso lo conocido, como un cielo nocturno tan lleno de estrellas que hace que el ojo se vaya hacia el brillo y olvide la proporción del universo?

coherencia

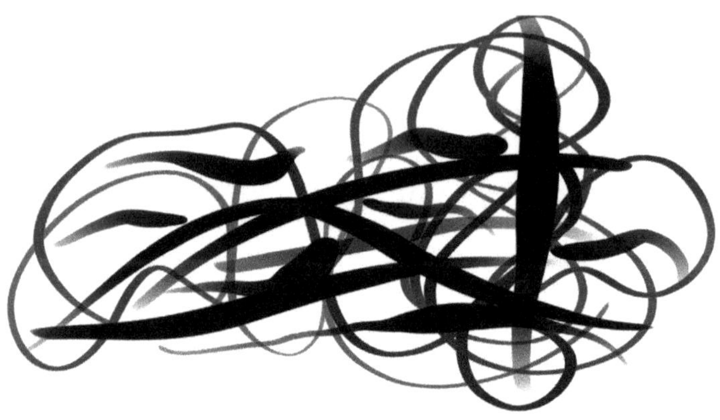

Bajo toda la distracción y la fragmentación que percibimos, yace un todo coherente.

Frente a una pared lista para dibujar o en medio de una discusión con un ser querido, en cualquier momento, bajo presión, cuando queremos desesperadamente comprender, podemos tratar de preguntar a un orden subyacente: ¿Qué sentido tiene?

Para comprender este principio, solo tenemos que mirar hacia el bosque. Una vez, en un recorrido solitario para encontrar un poco de quietud en un bosque cerca de Hancock, en New Hampshire, recuerdo mi asombro cuando vi una parte del bosque llena de raíces, ricamente entrelazadas con setas, musgo, ramitas, insectos, líquenes, hojas, corteza y tierra.

Este lugar tenía elementos únicos e individuales del bosque. Y aunque los elementos podían verse por separado, la disposición resultante de su interrelación estaba intacta. No había separación entre las partes; coexistían armoniosamente, en descomposición y crecimiento simultáneo.

Si hubiera mirado solo el musgo, no habría visto los hongos. Si solo me hubiera fijado en el frenesí de las hormigas, ¡me habría perdido la hoja! Si hubiera detenido la mirada en la belleza de un fragmento, habría pasado por alto el intrincado orden natural.

Al dibujar, pretendo evocar precisamente esta misma cualidad entre secciones de texto, líneas y formas. Lo ideal es que una pizarra o un muro, una vez terminado, tenga la misma resonancia que ese rincón del bosque.

El físico David Bohm sugiere otra forma de explicar la coherencia:

"La luz común se llama 'incoherente', lo que significa que va en diversas direcciones y las ondas luminosas no están en fase entre sí, por lo que no se acumulan. Pero el láser produce un rayo muy intenso que es coherente. Las ondas de luz adquieren fuerza porque todas van en la misma dirección. Este rayo puede hacer todo tipo de cosas que la luz común no puede".[33]

Mi práctica se inclina hacia lo espiritual, correlacionando la coherencia con la creencia en la unicidad universal. El maestro de aikido Richard Moon explica bien lo que siento al aplicar el principio de coherencia en la pared:

"Cuando sentimos que somos parte del universo, sentimos dónde estamos en el flujo de la Creación y experimentamos una conexión natural con la tierra. Sentir esta conexión sin esfuerzo cura el aislamiento que caracteriza la vida moderna. La vida se transforma en conexión y nos encontramos en una alineación empoderada con el universo a medida que se despliega".[34]

33 David Bohm, *Sobre diálogo*, editado por Lee Nichol (Londres: Routledge, 1996), p. 14.

34 Richard Moon, *Aikido en tres lecciones fáciles* (San Rafael, CA: Aiki Press, 1996), p. 49.

Al aplicar este principio de coherencia en la pared, a veces dibujo una curva grande o una forma que parece salir de la nada. Nadie en la sala ha dicho "Todo empieza con un gran arco." Pero, al pensar en la naturaleza entrelazada del bosque, sé que el arco se va a combinar con otros bloques de palabras (como las rocas) y con texturas (como el musgo). Sé que, al final, todo estará unido.

Tranquilizo mi mente divagante, miro hacia la pared y tengo una conversación rápida con la superficie: "¿Cuál es tu historia hoy? ¿Qué se quiere revelar en tu gran superficie en blanco?" Obviamente, la pared no responde. Pero en cierto modo sí lo hace. Recibo una especie de impulso para realizar un gesto determinado, para ir en una dirección concreta, incluso para elegir un color específico. Y parto de ahí.

Confío en que el primer trazo va a calzar con todos los que vendrán, que el gesto se origina en algún lugar profundo e invisible de intención alineada —como un láser imbuido de un impulso creativo— y que, a través de mi mano, se va a manifestar como formas sobre la pared que tendrán sentido cognitivo y estético. (Ver anexo, Figura 18.)

En la conversación se puede encontrar una confianza similar.

Si me encuentro alterada y estoy despotricando sobre alguien que me irrita o que me ofende, aferrarme al valor nominal del intercambio, a la polaridad yo-ellos, reforzará la fragmentación. En cambio, buscar la coherencia en la situación puede aumentar la empatía y el desarrollo. Recordar esta pregunta me ayuda —¡no siempre!— a tranquilizarme: "¿Cómo y por qué están sucediendo estas cosas, de esta manera, en este momento?"

Ponerse en el lugar del otro es un primer paso para tomar conciencia de su punto de vista y de su situación. Intentar ver todo el intercambio desde arriba puede mejorar mi perspectiva, y buscar sentido en las causas subyacentes puede ampliar aún más mi comprensión.

Para discernir cualquier fragmento, primero imagina y cree en una imagen más amplia, más entrelazada e interconectada.

Si dibujo elementos aislados, es como si mostrara un conjunto de rocas recogidas de diversos lugares. Son bonitas y están desconectadas de su contexto original.

En la documentación generativa, recontextualizamos elementos todo el tiempo, y ahí es precisamente donde la coherencia nos puede ayudar. Podemos reordenar el contenido con nuestra voluntad e imponer una estructura, y/o podemos indagar en un estado natural, completo y emergente que busca una nueva forma.

Buscar la coherencia requiere de mucha confianza.

Tanto si estamos dibujando en la pared como teniendo una conversación incómoda con un colega, la confianza nos anima a considerar que ese dibujo o esa conversación es exactamente lo que tiene que desplegarse en un momento determinado. Es simplemente una parte del contexto mayor, que todavía se está dando a conocer.

discernimiento

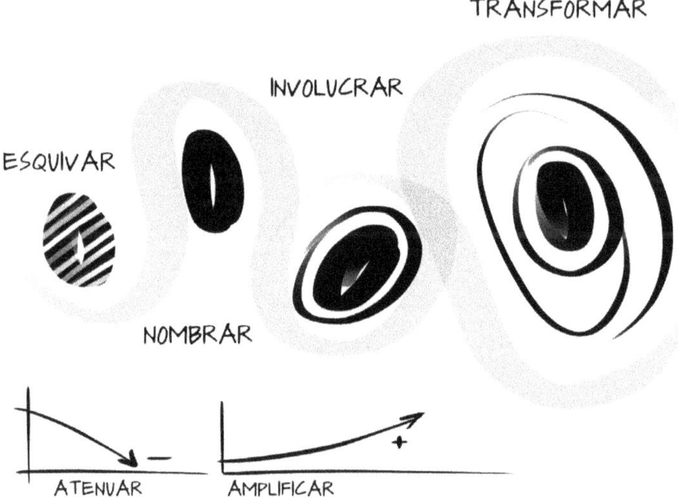

Los escribas tenemos que elegir qué hacer con el flujo constante de contenido que escuchamos detrás nuestro. En parte, elegir qué dibujar es algo subjetivo, basado en nuestra capacidad de escuchar; en parte, es objetivo, basado en nuestra habilidad para ordenar y filtrar datos; y en parte, es generativo, basado en cómo conectamos con la fuente.

Un marco de trabajo que supone Esquivar-Nombrar-Involucrar-Transformar me ha resultado muy útil para manejar grandes cantidades de información y para ayudarme a decidir qué dibujar y cuándo.[35] Hay que tener en cuenta que estas cuatro acciones no

35 El marco original fue concebido por Diana McLain Smith, "Elige la estrategia correcta", en *Divide o conquista: Cómo los grandes equipos transforman el conflicto en fortaleza* (Nueva York: Portfolio/Penguin Group, 2008), p. 177. Más adelante fue adaptado por William Isaacs en el contexto de liderazgo dialógico.

suceden en secuencia lineal; las cuatro ocurren al mismo tiempo, en un proceso continuo y fluido de "dejar ir" para "dejar venir", como nuestra experiencia en la presenciación. A continuación, describo cómo aplico los cuatro componentes de este marco.

En el contexto de la documentación generativa, Esquivar significa que, intencionalmente, no dibujamos.

Como una manera de rastrear el flujo general de una presentación o su contenido, nos resistimos a la urgencia de escribir algo hasta estar seguros de la manera en que la idea encaja en la imagen emergente.

No todo lo que se habla debe ser traducido a la pared. Al igual que lo describo en el capítulo "Elección", es aquí donde relajamos nuestra tensión, aceptando que es suficiente con entender algunas de las partes.

Elegimos enfocarnos en las partes que tienen sentido para nosotros —de manera lógica o intuitiva— y dejamos ir el resto. También profundizamos nuestra indagación y ponemos atención en el contenedor para reconocer lo que el cuerpo social realmente necesita ver.

Nombrar es elegir la información que incluimos en la imagen.

Es posible que decidamos recordar algo que nos interesa, o lo escribimos en un adhesivo o lo anotamos al costado del panel. Dibujar es algo literal: usamos palabras e imágenes específicas que mapean con precisión las palabras y la intención de quien habla.

A veces, nombrar es simplemente hacer una lista. Es posible que ver los puntos clave sea todo lo que el grupo necesita para no desviarse, y no sería adecuado seguir interpretando el significado en esta instancia.

La sensibilidad del contenedor es clave. Es útil saber en qué está un grupo, a dónde quieren llegar y cuánto quieren ver o pueden soportar ver en el momento.

Al nombrar, mantengo el oído abierto a la repetición, a la reiteración y a la diferenciación de contenidos. Me doy cuenta y me digo: "¿Qué cosas son lo mismo? ¿Qué cosas se destacan?".

Comprometerse es sacar a la luz patrones, profundizar en la indagación y expandir el contenedor.

Me aseguro de incluir un tema cuando aparece de manera repetida. Escucho desde la perspectiva de quienes hablan, del sistema y del campo social, para reconocer flujos verbales poco claros con el objetivo de descubrir la esencia de lo que alguien —o un grupo— está intentando expresar. (Ver anexo, Figura 19).

Teniendo en cuenta el modelo del iceberg, busco identificar alguna estructura que esté guiando la expresión o la interacción. Quiero averiguar qué influye en la mentalidad de la persona que habla. ¿Cómo intentan influir con sus palabras quienes hablan?

Un grupo que está al borde de la ruptura, por ejemplo, a punto de empezar a discutir, podría verse aún más presionado por una lista apresurada de los puntos en que se oponen. O tal vez sea justo lo que necesitan hacer para abrirse a una mentalidad diferente: explorar lo que está en juego, lo que no está siendo dicho y lo que podría estar buscando expresión.

Toma en cuenta que comprometerse requiere de un grado mayor de habilidad que simplemente poner nombres. Nombrar sería el registro gráfico, que refleja el contenido de forma literal. Comprometerse es la facilitación gráfica, que demanda al que la realiza que participe del proceso del grupo. Comprometerse significa conectar los temas dentro de una imagen y entre las personas de una sala.

Transformar es hacer elecciones y movimientos que apoyen un cambio en las dinámicas individual, grupal y sistémica.

Con nuestro dibujo podemos influir para perturbar o para estabilizar, incluso desde un costado de la sala. ¡Transforma con cuidado!

Escucha profundamente el espacio entre las palabras para detectar lo que quiere ser visto. Confía en que llegará un significado más profundo y prepárate para incluirlo. Si no llega nada, entonces nada debe llegar todavía.

Fíjate en la secuencia y en el flujo de las voces, además de otros sonidos que entren en la sala. Una vez, una pequeña bandada de estorninos iba de un lado a otro, muy cerca de la ventana abierta, a unos centímetros de donde estaba mi dibujo, que abarcaba toda la pared. Sus movimientos y gorjeos me distrajeron al principio, pero nombré su presencia en mi mente y elegí pasar de largo, seguir adelante.

Sin embargo, me intrigaban porque nunca antes había sido testigo de patrones de vuelo aparentemente tan desordenados. Los pájaros captaron mi atención, así que decidí comprometerme con su actividad. Los dibujé alrededor de las palabras que alguien pronunció —"Quiero alimentarme a mí mismo"— que, gracias al proceso que estaba ocurriendo en el salón, habían llegado a simbolizar la autorrealización. Este fue el trazo transformador.

Como escribas generativos, también podemos influir aumentando o disminuyendo la consciencia de ciertos contenidos, subiendo o bajando el volumen en un salón.

Si una idea ya se ha expresado varias veces, podemos reforzarla escribiéndola varias veces (amplificar). O podemos tomar la decisión de equilibrar la idea dentro del contenido general de la imagen, incluyendo solo algunas palabras clave (atenuar).

Dependiendo de las necesidades de un grupo, podemos usar un enfoque sintético: tomando mucho contenido y organizándolo en grupos, encuadrándolo cuidadosamente y haciendo conexiones, reduciendo la complejidad y ofreciendo cohesión. La imagen resultante está muy integrada en un plano, en un trozo de papel.

Podríamos usar también un enfoque deconstructivo: tomando un concepto de manera intencional y dividiéndolo en partes, para que aquello que parece un nudo sea más fácil de desenredar. La imagen resultante no sería cohesiva, ya que el enfoque pretende extraer ideas, es decir, ampliar una conversación y promover nuevas formas de pensar.

Cualquiera de los dos enfoques —equilibrar o reforzar— puede incorporarse a cualquier fase de Esquivar-Nombrar-Involucrar-Transformar.

A medida que le damos sentido a lo que escuchamos y a lo que se necesita en el salón, podemos elegir activamente cómo responder.

Considero que el ámbito del Conocimiento recibe información tanto de los sentidos internos y espirituales como del pensamiento racional.

El contenido flota; mi ser se mueve dentro y fuera de él. Cuando algo aterriza en mi corazón o hace más ruido en mi cabeza, y mi cuerpo no puede *no* actuar ante esa señal, en ese momento, dibujo.

elección

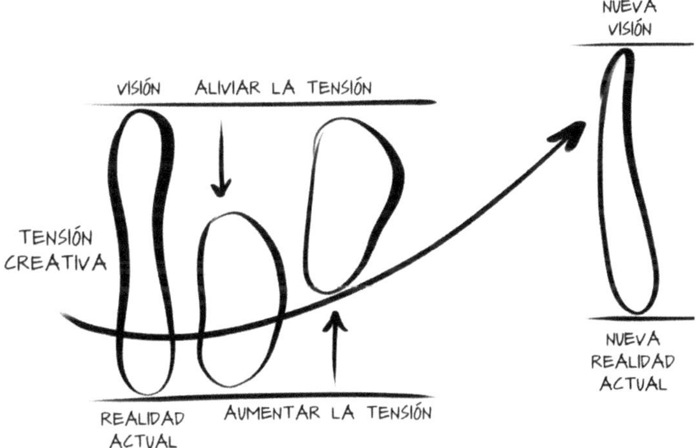

En la vida y en la facilitación, la capacidad de gestionar la tensión creativa puede marcar la diferencia entre crecer o colapsar.

La creatividad reside entre la visión y la realidad, con la visión por encima y la realidad en la base. Este modelo de Robert Fritz muestra cómo puede ampliarse una práctica o permanecer estática.[36] "La tensión busca resolución", escribe. Tenemos hambre. Comemos.

En nuestra práctica, nosotros establecemos la cantidad de tensión que queremos mantener.

A veces yo puedo decidir la estructura de mi entorno de trabajo, por ejemplo, dónde ubicarme en un espacio o elegir quién forma parte de mi equipo. Otras veces, los elementos de la estructura están preestablecidos, como cuando me exigen usar los colores del logotipo de una empresa o dibujar con un estilo determinado.

36 Robert Fritz, *Creación: Una guía para el proceso creativo* (Nueva York: Fawcett Columbine, 1991), p. 27.

Al definir mi propia estructura, ¿cuándo me desafío a mí misma para avanzar hacia mi futuro deseado, elevando mi propia vara? ¿O cuándo acepto un límite para aliviar algo de presión? La respuesta depende de la naturaleza de la tensión creativa que hay en mi mente (temor o excitación), en mi corazón (un nudo de tristeza o de alegría) y en mi cuerpo (el estómago hecho un nudo o muchas ganas de empezar).

Una gran distancia entre una aspiración y la realidad actual indica un alto nivel de tensión. Al darme cuenta, me pregunto: "¿Cuánto puedo aguantar? ¿Es posible que mi contenedor y el del grupo soporten una energía más intensa? ¿En qué nivel de comodidad o tensión está el resto del grupo? ¿Es posible que el sistema amplíe sus límites?"

Los escribas dibujan para aliviar o aumentar la tensión y así facilitar el ritmo de los cambios en la conversación.

A veces un grupo parece tenso, inestable. Probablemente querré ayudar a mantener la cohesión y tocar un orden subyacente para minimizar la tensión. A partir de los datos, puedo entender cómo se unen las piezas para que haga sentido. Me imagino el cuerpo social como un organismo en busca de tranquilidad y descanso. Dibujo más despacio, con más cuidado. Suavizo mi postura, escucho más profundamente y me relaciono con lo que necesita más tiempo para ser resuelto.

A veces un grupo parece listo para la acción. Entonces dibujo con más velocidad, con más convicción. Mi actitud es que la posibilidad está al alcance de la mano. Mis trazos surgen más nítidos, estables, como si esculpiera una dirección para que el grupo cobre impulso y valor.

Si un grupo pretende cambiar, un escriba generativo puede, con el tiempo, ayudar a elevar el nivel de visión y a que se den cuenta de la nueva realidad actual. Podemos hacer visible el camino al estar en sintonía con lo que ha sido un grupo y lo que aspira a ser. Podemos crear las condiciones para elegir.

dibujar

Hacer que lo desconocido en ti se vuelva conocido es lo importante... y mantener siempre lo desconocido más allá de ti, captar, cristalizar tu visión más simple y clara de la vida, solo para verla volverse rancia comparada con lo que sientes vagamente por delante: eso que siempre debes seguir trabajando para alcanzar...

– Georgia O'Keeffe

dibujar

Dibujar es practicar, es manifestar. Este es el ámbito donde hacemos que las cosas sucedan. Aquí es donde llevamos todo lo que hemos cultivado en nuestro interior y hacemos algo con ello. Aquí es donde hacemos visibles las cosas para nosotros mismos y para los demás. Esta es la punta del iceberg, lo que se ve.

Dibujamos a través de nuestra mano, sí, y dibujamos informados por nuestra actividad interior —nuestro ser central—, es decir, cómo nos unimos, cómo percibimos y cómo hemos llegado a saber.

Lo que vemos, lo que presenciamos en forma, nosotros mismos y los demás, expresa de manera pura el procesamiento completo de la información a través del espacio interno y externo. Reflejamos visualmente las condiciones del momento basándonos en nuestra capacidad de contener y de sostener el conjunto de complejidades de las que somos testigos.

Dibujar es una síntesis, una orquestación, una combinación de la información procedente de todo lo que se encuentra bajo la línea de flotación del iceberg: el campo social, los modelos mentales, las dinámicas estructurales y los comportamientos.

Y a través de nuestro dibujo, nos encontramos con el potencial de revelar un estado actual de los acontecimientos y también las posibilidades futuras. Así, a través del dibujo, tenemos el poder —y, por tanto, una verdadera responsabilidad— de representar lo posible y ayudar a iniciarlo en el momento presente.

En cierto modo, la documentación gráfica es como el trabajo de la partera: ayuda a nacer lo no nacido, dando vida a una nueva realidad.

alegría

A través de la alegría, accedo a la puerta de la creación.

La alegría se presenta en todas las formas y tamaños; solo una pizca de alegría puede liberar mi voluntad y ponerla en movimiento.

La alegría es el sentimiento que viene con: "Lo entienden... ¡Tiene sentido para la gente! ¡Comprenden! ¡Les he ayudado a ver!".

Alegría es ver a un niño pequeño del público acercarse a la pared, señalar algo en el dibujo y dejar caer la mandíbula ante lo que se ha encontrado.

Alegría es enviarle una imagen a mi padre y, aunque no entienda del todo lo que hago, saber que se le saltan las lágrimas de orgullo de que su hija haya hecho esto (sea lo que sea "esto"... da igual).

Alegría es recibir el apoyo de la gente que quiero.

Alegría es despertarme con ganas de empezar el día.

Alegría es fijarme en una hoja pequeña, apreciar su color, intentar crear ese color con tintas de borrado en seco y ver cómo esa hoja cobra vida en la pared. (Ver anexo, Figuras 20 y 21).

Alegría es conocer íntimamente el color de la hoja, aunque nadie más en el mundo sepa por qué mezclé ese color específico, aunque nadie en la sala o en el planeta sepa que ese color viene de una hojita.

Alegría es sentir que "este color es tan bonito que podría dibujar con él toda mi vida".

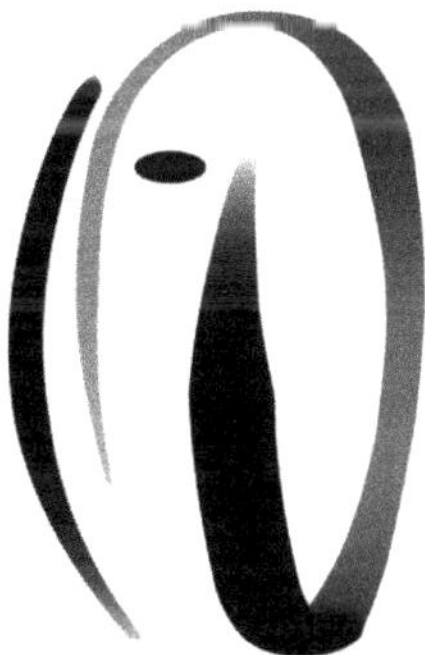

Alegría es dejar de lado la necesidad de que un elefante parezca un elefante y simplemente disfrutar del esfuerzo de hacer una trompa colgante dibujando una línea curva.

Alegría es utilizar un taladro y una pinza para extraer la tinta de los marcadores de tiza y llenar un pequeño tarro, y poder pintar con esa tinta sobre un trozo de pizarra de hace décadas.

Alegría es entrar en una habitación y ver un círculo de cuarenta sillas, vacías, esperando.

La alegría es incluso el cansancio, en un vuelo de regreso a casa después de noches sin dormir, con un brazo dolorido y la mente saturada, sabiendo que ayudé un poco a cambiar algo más grande.

La alegría es personal; a menudo se encuentra en lugares pequeños e inadvertidos: en grietas en las calles, en patios abandonados, en hormigas correteando, en la marea que sube y cubre la arena solo para retirarse y dejar pequeños guijarros brillantes.

La alegría es ser testigo de cómo las personas se conmueven y entran en un nuevo estado del ser, la belleza del crecimiento humano, la belleza pura y absoluta de la humanidad.

visualizar

La visualización está estrechamente relacionada con la coherencia, ya que es una forma de acceder a un orden existente y subyacente, trayendo a la luz algunos aspectos de ese orden.

Muchas veces —casi siempre, en realidad— me siento nerviosa e insegura antes de una sesión. "¿Mi trabajo estará a la altura del cliente, de la profesión? ¿Servirán para algo los dibujos? ¿Se fijará alguien en ellos?"

Para calmar mis nervios, hace años desarrollé un proceso casi supersticioso que utilizo hasta hoy. Lo llamo "Caminar en los zapatos de la abuela".

Mi abuela Claire Nichtern siempre podía llegar al fondo de las cosas con actitud, o en yiddish, *chutzpah*. Salió de la pobreza de los inmigrantes y llegó a producir musicales en Broadway, y cuando mi hermano y yo éramos pequeños, nos llevaba a los estrenos. Nos colgábamos de sus manos mientras nos llevaba a los mejores asientos, reservados en la quinta fila.

Parecía conocer a todo el mundo y sabía cuál era su lugar en la organización de las cosas. Sabía quién se sentaba dónde, quién actuaba en la obra, quién tenía una aventura, quién había escrito la música, a quién habían dejado fuera en el último minuto.

Como productora, entendía lo que había que hacer para que un espectáculo tuviera éxito, y eso iba acompañado de cierta confianza y aire de poder.

Nunca tuve una conversación con ella sobre esta cualidad, y no estoy segura de hasta qué punto era genuina o proyectada. Pero lo que sí sé es que recurro a ese lugar de éxito imaginario cuando necesito reforzar mi propia capacidad para acercarme a un resultado positivo.

Durante la mañana de una sesión, cuando estoy nerviosa y tensa, en algún momento entre que salgo de mi habitación de hotel y llego a la pared, doy unos pasos y me imagino caminando con sus zapatos (hechos a medida para sus problemas de la espalda y que parecen diseñados para caminar por la luna). Unos zapatos muy sólidos, que saben exactamente adónde van.

Entonces empiezo a representar el día en mi mente, como si predijera la secuencia de acciones: caminar hasta el desayuno y comer fruta (cuando lo que realmente quiero son las galletitas), colocar los rotuladores sobre la mesa o la repisa, todos llenos de tinta, preparados. Pararme erguida y tranquila, conectada a la tierra y al cielo. La mente alerta, sintonizada con el momento, concentrada. Las secciones del contenido se mantienen unidas de forma organizada. El tablero completo y reflejando con precisión lo que he oído, lo que he sentido.

Todo esto, antes de levantar un lápiz.

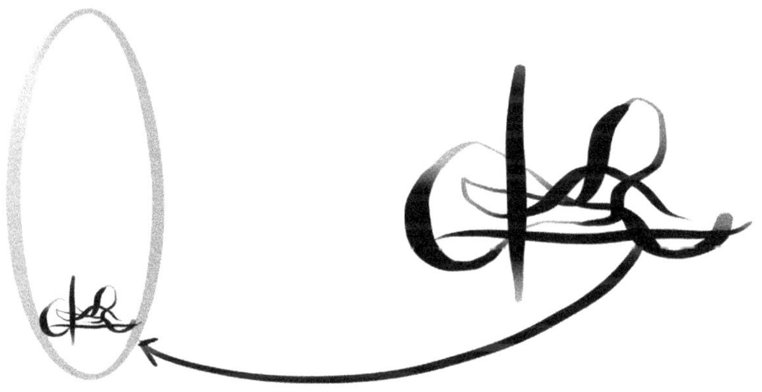

niveles de documentación gráfica

Existen profundidades, o fases, de la documentación gráfica que se correlacionan directamente con la atención.

Los diferentes "niveles" de escucha nos pueden ayudar a participar en un cambio de conciencia y de posibilidad. Otto Scharmer ha descrito cuatro niveles de escucha: (1) descarga; (2) escucha fáctica; (3) escucha empática; y (4) escucha generativa. Aplico cada nivel de escucha a la práctica visual de la documentación gráfica, como se muestra aquí.

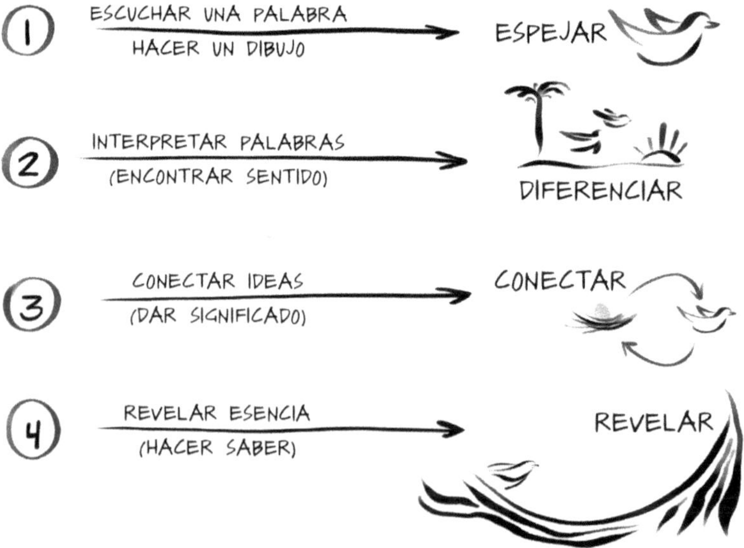

Nivel dos de documentación gráfica: Diferenciar. Interpretamos las palabras y les damos sentido.

Utilizamos el nivel dos de escucha, "escucha fáctica", para notar diferencias y datos que no confirman lo que creemos que ya sabemos.

En la documentación gráfica, interpretamos lo que se dice desde un punto de vista más amplio. Seguimos dibujando lo que escuchamos, pero nuestra lente se amplía para dar sentido a lo que se dice en un contexto fáctico que podemos diagramar. El pájaro vuela, llega a la costa y se une a una bandada. En este nivel entramos en el terreno de la narración. Podemos dibujar la escena literal o hacer un mapa mental para organizar los datos en información.

Nivel tres de documentación gráfica: Conectar. Relacionamos las ideas y les damos sentido.

Utilizamos el nivel tres de escucha, la "escucha empática", para ver una situación a través de los ojos de otro, para establecer una conexión emocional. Salimos de nuestra propia piel, damos un paso atrás y obtenemos una perspectiva mayor que nos ayuda a dirigir nuestra atención a la totalidad de una persona o de una situación.

Aquí es donde se activan los contenedores, donde nuestro propio corazón se conecta, donde sentimos. Nos empieza a importar, nos preocupamos de verdad y nuestra postura cambia. Nuestro dibujo cambia (¿cómo no?), porque procede, literalmente, de un lugar más profundo de nuestro cuerpo. No solo se mueven la cabeza y la mano, sino que todo el torso está comprometido con nuestra producción.

Nos damos cuenta de que la historia que se narra en la sala procede de un marco de referencia cultural que está más allá de la sala; los hechos que se cuentan tienen una base causal. Ningún pájaro, ninguna historia, existe como una isla. Algo hubo antes del vuelo del pájaro solitario y algo habrá después. Podríamos conectar las escenas de (1) un pájaro solitario volando con (2) un pájaro que llega a la costa, y, al establecer esa relación, mostrar la trayectoria del pájaro.

Pasamos de observar momentos en el tiempo a percibir movimientos a lo largo del tiempo. Al indagar, empezamos a habitar la historia y a darle sentido en una escala ampliada. ¿Qué ocurre entre el momento en que el pájaro emprende el vuelo y el momento en que aterriza? ¿Cómo se comporta el pájaro por el camino? ¿Qué influencias encontró, como el clima o los depredadores?

Nivel cuatro de documentación gráfica: Revelar. Revelamos lo que quiere ser visto.

Utilizando el nivel cuatro de la escucha, la "escucha generativa", nos conectamos con nuestra capacidad de soltar y dejar venir una posibilidad futura emergente que revela más plenamente quiénes somos y quiénes queremos ser.

En el nivel cuatro de la documentación gráfica, o generativa, percibimos y descubrimos el potencial más elevado de los sistemas a los que servimos. Para ello, es necesario que seamos sensibles no solo al contenido obvio y claro, sino también al contenido difuso, borroso, débil: a los pequeños tonos de vacilación en la voz de un orador, a las largas pausas entre palabras, a las toses que interrumpen sutilmente una frase.

En el nivel cuatro de la documentación gráfica, conectamos con la fuente y con los campos sociales y energéticos. Escuchamos las voces de la sala. *También* estamos completamente abiertos y receptivos a todo tipo de estímulos sensoriales e intuitivos: la lluvia sobre el tejado, el zumbido de una mosca alrededor del vaso de jugo de alguien, la frescura o lo viciado del aire, el estado de ánimo del presentador y de los demás participantes (tranquilos, nerviosos, muy concentrados...), la luz, las sombras... una especie de pulso en el aire.

Aquí podríamos indagar en el espacio que rodea al pájaro a lo largo de toda su trayectoria. ¿Por qué vuela solo? ¿Busca a su bandada? ¿Adónde irá la bandada? ¿Permanecerá intacta? ¿Cuál es la estación del año? ¿Cuál es su estado de salud?

Para comprender cómo aplicar estos niveles de forma más concreta, basta con sustituir "pájaro" por "plan de negocios", "volar" por "proceso de gestión", "costa" por "ganancias trimestrales", "bandada" por "plan estratégico", "depredadores" por "competencia", "clima" por "clima económico" y "vocación" por "visión". Y luego, imagina cómo sería dibujar o facilitar esos aspectos de una conversación.

Adapta el nivel de documentación gráfica a las necesidades de la situación.

Yo no me presentaría a un picnic de verano con un abrigo de plumas y raquetas de nieve. Tampoco esperaría realizar una documentación generativa en una presentación de treinta minutos, en la que tres personas tienen ocho minutos cada una para exponer su conocimiento. Cada situación requiere un enfoque diferente. Y cada nivel de documentación gráfica tiene un valor y una aplicación relevante.

El nivel uno de documentación gráfica es útil para las conferencias en las que hay presentaciones cortas y varias personas comparten su opinión en poco tiempo (ver anexo, Figura 22).

El nivel dos es útil en mesas redondas, conferencias académicas, negociaciones, planificación estratégica e incluso en la elaboración de mapas de sistemas (ver el anexo, Figura 23).

El nivel tres es relacional y hace hincapié en la interacción entre los elementos. Es un enfoque útil en la narración de historias, el diálogo y el mapeo cultural (ver anexo, Figura 24).

Y con el nivel cuatro de documentación gráfica, como en la Figura 25 del anexo, dibujamos lo que hay que dibujar en la realidad en desarrollo, representando el momento presente absoluto a medida que se desarrolla, en el tiempo adecuado. Resulta útil en iniciativas de cambio a gran escala, en entornos intersectoriales y de múltiples partes interesadas, y en contextos de transformación social.

documentación generativa

La documentación generativa es un proceso de dibujo con el que nos abrimos a lo desconocido para darle vida, desde un cuerpo social y para un cuerpo social.

Mi experiencia con este tipo de trabajo, en el que operamos desde la fuente, me lleva a creer que la clave de la documentación generativa es sentir desde el corazón.

No es dar vueltas ni revolotear. No es contar los minutos que faltan para que una persona deje de hablar y podamos irnos a casa. No es sentirse cómodo con el yo-ellos. No es *no* preocuparse.

Es penetrar en algo esencial. Es ver con claridad, sin miedo al resultado o a las consecuencias de lo que se presenta. Requiere confianza en la completa vacuidad de las cosas. Solo puede darse cuando el cuerpo social (un puñado o miles de personas) se compromete a estar junto en el lugar y en el tiempo —y en el momento oportuno—, comprometido a unirse en el momento presente absoluto (ver anexo, Figura 26).

Es buscar a tientas en la oscuridad hilos de esperanza y colgarlos en la pared para que otros los vean.

Es creer que cualquiera que mire el dibujo participa activamente en su creación. No hay un "otro".

Hay una mano que sostiene un rotulador, que se inclina hacia delante desde el brazo extendido de un cuerpo físico erguido que actúa puramente en nombre del todo.

Dibujo porque existimos; dibujo como acto social.

La documentación generativa es dibujar para facilitar el desafío de la transformación de la sociedad, en la que estamos pasando de un estado de división a un estado de inclusión, atravesando lo desconocido.

Muchas veces me he preguntado —especialmente en el contexto del arte simbólico, como el de los pueblos indígenas— acerca del verdadero potencial de la documentación gráfica para cruzar líneas físicas y espirituales.

¿Puede una imagen dibujada encarnar la dimensionalidad del pasado, el presente y el futuro en una atemporalidad mayor, todo a la vez?

¿Hasta dónde podemos empujar los límites de los sistemas y nuestros propios límites para cambiar el lugar de entendimiento entre mundos conocidos y desconocidos? ¿Puede la documentación gráfica generar un campo vibratorio que vaya más allá de las palabras literales y trascienda el momento?

Para intentar desplazarme hacia este espacio, hasta ahora he adoptado un enfoque integrador para revelar la totalidad sin nombre; he sintetizado múltiples hilos de contenido en una imagen que encapsula todo, o en una serie de imágenes. De alguna manera, es lo contrario a contar historias, que he interpretado como compartir datos existentes en un flujo lineal.

Una vez, cuando me enfrenté a tres hojas de papel negras, grandes y vacías, recordé una sensación similar de oscuridad, de incertidumbre (ver anexo, Figura 27).

Esta sensación estaba conectada con el recuerdo de una noche navegando con mi padre y mi hermano en el océano. Teníamos cartas de navegación, pero no había tierra a la vista, sólo aguas frías y onduladas, un índigo impenetrable que el barco atravesaba de algún modo. Durante algunas horas, o tal vez sólo una, no tuvimos radio ni indicaciones sobre tormentas u otras embarcaciones que se pudieran dirigir hacia nosotros.

Pero mi padre, que había navegado durante años en todo tipo de condiciones meteorológicas y marinas, siempre ha confiado en su capacidad para leer las condiciones y guiar el barco. Esa noche —aparte de un encuentro cercano con un pesquero, al que nos acercamos más por curiosidad que por andar perdidos— estuvimos bien.

Los escribas generativos ayudan al viraje de la sociedad.

La palabra tack en inglés tiene tres significados. Como verbo, es: *cambiar de rumbo girando la proa de un barco hacia, y a través del viento*. Como sustantivo, es tachuela: *clavo pequeño, afilado y de cabeza ancha*; e hilván: *una puntada larga que se usa para unir tejidos temporalmente, antes de una costura permanente*. ¡Todos estos significados tienen sentido en la documentación gráfica! Las imágenes dibujadas pueden servir para reorientar la estrategia de una empresa (cambiar de rumbo), para aclarar un punto con palabras exactas (como un clavo) y para mantener unidas las ideas a medida que toman forma (unir).

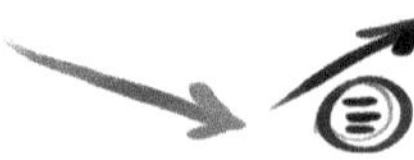

A medida que nuestra sociedad atraviesa aguas turbias, los escribas pueden ayudar a mapear los mares.

Los escribas crean estructuras visuales que ayudan a navegar por las desconexiones. Al hacerlo, equilibramos los desafíos de la época con la esperanza para estos tiempos (ver anexo, Figura 23).

Esto exige una fluidez constante entre sentir, comprender y elaborar. Antes de dibujar, me centro. Busco a alguien entre el público y lo miro a los ojos para activar mi corazón. Cuestiono la estructura y las dinámicas del espacio. Absorbo muchas palabras antes de saber cuáles son las perlas y vaciarlas en un plano bidimensional.

Escuchamos para empatizar y para representar.

Dibujo y escribo con un espíritu de continuo vaivén entre lo que es y lo que podría ser.

Y con una aspiración lejana, animo a cualquiera que haya llegado a esta altura del libro a que acepte el desafío y los dones transformadores que ofrece la documentación generativa. Si tu oficio o tu práctica no es la documentación gráfica, ¡también le puedes aplicar un enfoque generativo!

Mi experiencia es sólo un punto de partida. Es nuestra oportunidad de seguir definiendo juntos esta forma de arte y aprovechar todas sus posibilidades.

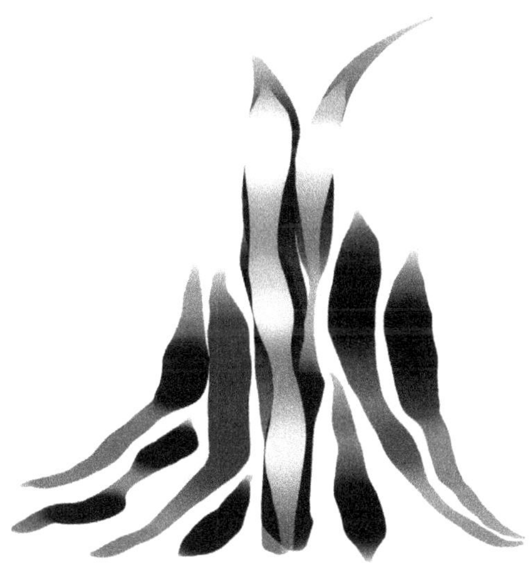

el llamado

"Nuestro tiempo es un tiempo para cruzar barreras, para borrar categorías viejas, para indagar".

—Marshall McLuhan

Es asombroso pensar en el lugar que ocupa hoy la documentación gráfica como práctica, cuando ni siquiera existía hace cuarenta años. Cuando yo empecé, en 1995, no había cámaras digitales, estaba empezando America Online y el internet, y la única forma de compartir dibujos con otros a distancia era mediante un elaborado proceso de redibujar, fotocopiar y distribuir copias a mano o por correo.

Sabiendo lo mucho que se ha transformado la documentación gráfica y la documentación generativa en las últimas décadas, me imagino lo que puede ser esta práctica en el futuro, dentro de cuarenta, de veinte o incluso de cinco años.

La documentación generativa, que cobra vida gracias a una mezcla de intuición y de contexto social, ¿será una respuesta basada en el arte para preservar el espíritu humano?

¿Qué lugar tendrá la capacidad humana cuando la inteligencia artificial pueda —con una perspicacia superior— hacer un mapa visual de una conversación? Los métodos actuales de los escribas, ¿se verán cada vez más desafiados por la permeabilización técnica y por una distribución más difusa? ¿Cómo tendrán que adaptarse?

Sin duda, habrá cambios relacionados con el tiempo y la distancia. Ya podemos dibujar digitalmente y proyectar imágenes en megapantallas durante las conferencias. Y podemos trabajar a distancia, utilizando una tableta para retransmitir en directo nuestro dibujo en una reunión de vídeo en línea.

Creo que pronto habrá más co-creación entre zonas horarias y lugares. Yo estaré trabajando en una imagen en un lugar y otra persona estará trabajando en otra imagen en otro lugar. Pero el nivel de integración aumentará.

Quizá trabajemos en la misma imagen a la vez, o quizá nuestras dos imágenes se muestren simultáneamente, una al lado de la otra, en otro lugar. Sin duda, habrá nuevas complejidades que considerar cuando la práctica se desplace más allá de un esfuerzo basado en el lugar, contenido en una habitación, en una porción de tiempo.

Me pregunto qué ocurrirá cuando aumente tanto el número de escribas como el de participantes. Ahora es una persona la que dibuja para muchas personas. Pero, por lo general, la imagen sigue siendo la obra de una sola persona.

¿Qué ocurrirá cuando más personas puedan crear una misma imagen a la vez? ¿Qué pasaría si cien o mil personas pudieran contribuir visualmente a un dibujo simultáneamente, del mismo modo que ahora lo hacen a través de un hashtag en un flujo de Twitter?

¿Cómo mantendrá una imagen su coherencia estética? ¿Cómo se producirá la creación de sentido cuando múltiples aportes provoquen un bombardeo de datos?

No tengo ni idea de la mecánica de todo esto. Pero sí preveo que aumentará el nivel de activación del campo y, por tanto, vamos a necesitar un contenedor expandido para contener la energía amplificada.

Los escribas generativos serán llamados a expandir nuestra conciencia y a profundizar nuestra capacidad.

La documentación generativa tal y como la conocemos hoy en día —es decir, del campo, a través de una mano, para el campo— puede seguir siendo sólo eso, o progresar con los tiempos para servir a un campo social en evolución. A medida que nuestra especie avance y expanda su conciencia (y confío en que así sea), la documentación generativa, que es una forma de arte floreciente, seguirá su ejemplo.

Si la documentación generativa es un arte participativo, la naturaleza de su creación va a cambiar con los cambios en el campo social.

Necesitamos personas de todas las edades y de todos los lugares para llevar esta práctica a las calles y fusionarla con otras formas de arte, para llevarla más allá de los entornos corporativos y organizacionales, para llevarla a partes de la sociedad donde el dinero no determina dónde puede florecer la creatividad, para hacer crecer esta práctica de modo que la comunicación visual se convierta en algo tan habitual como escribir una frase o hablar con un amigo.

Dado que se trata de un medio visual, mientras más gente tenga la experiencia de la documentación generativa —ya sea como creadores o como parte del tejido social que requiere la creación—, más espacio y posibilidades habrá para la invención y la mejora de nuestros métodos.

Con la ferviente esperanza de que aumentemos nuestra capacidad de ver, que nos enfrentemos a la complejidad de nuestro tiempo y nos abramos paso hacia una forma más armónica de coexistir con nosotros mismos y con nuestro planeta, hago este ruego: miremos hacia dentro para ampliar el verdadero potencial de este arte único y su práctica, y para servir a nuestra especie.

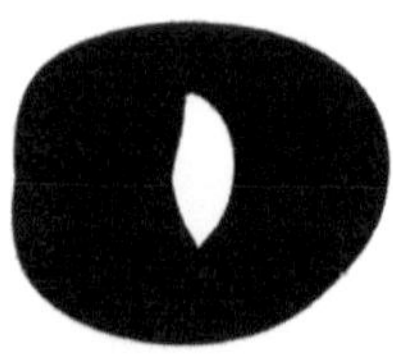

Anexo de Figuras

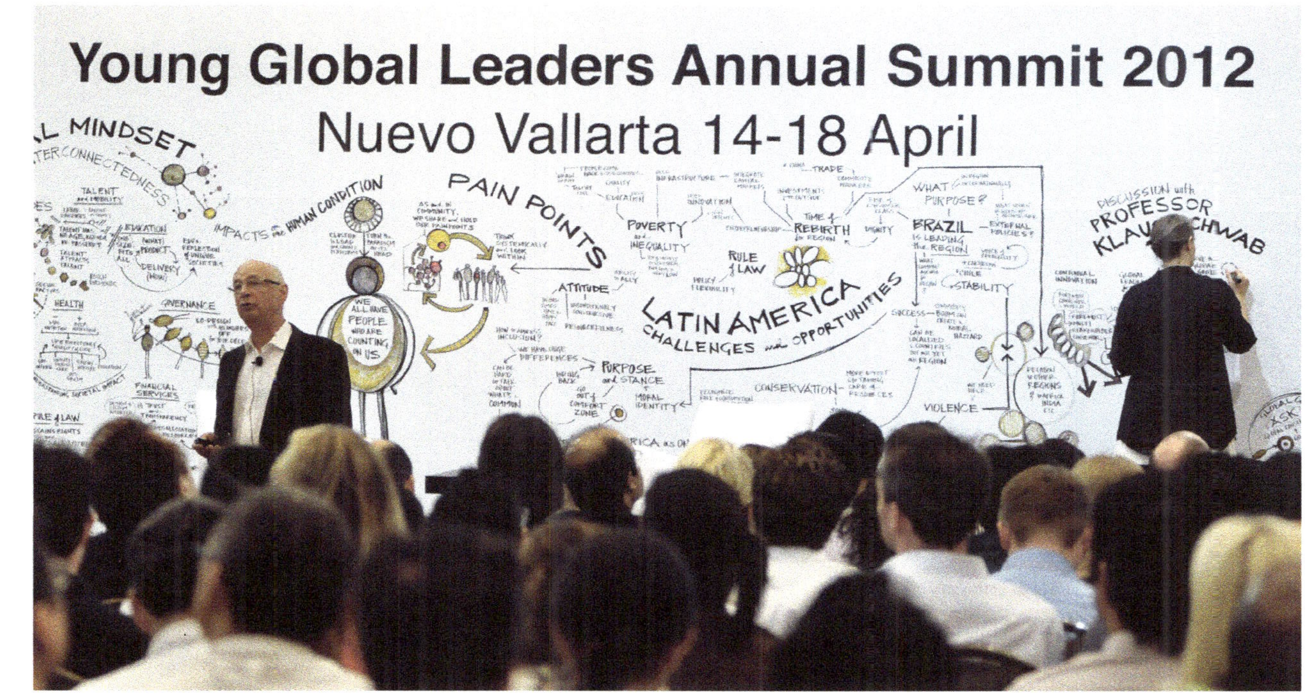

Figura 1: Documentación gráfica. Demostración de la zona que se forma entre el escriba, el orador y la audiencia-participante en una sesión del Foro Económico Mundial en Nuevo Vallarta, México. Tinta permanente en una pared construida a medida, 7 pies de altura x 40 pies de ancho, 2012. Crédito de la foto: Alfredo Carlo.

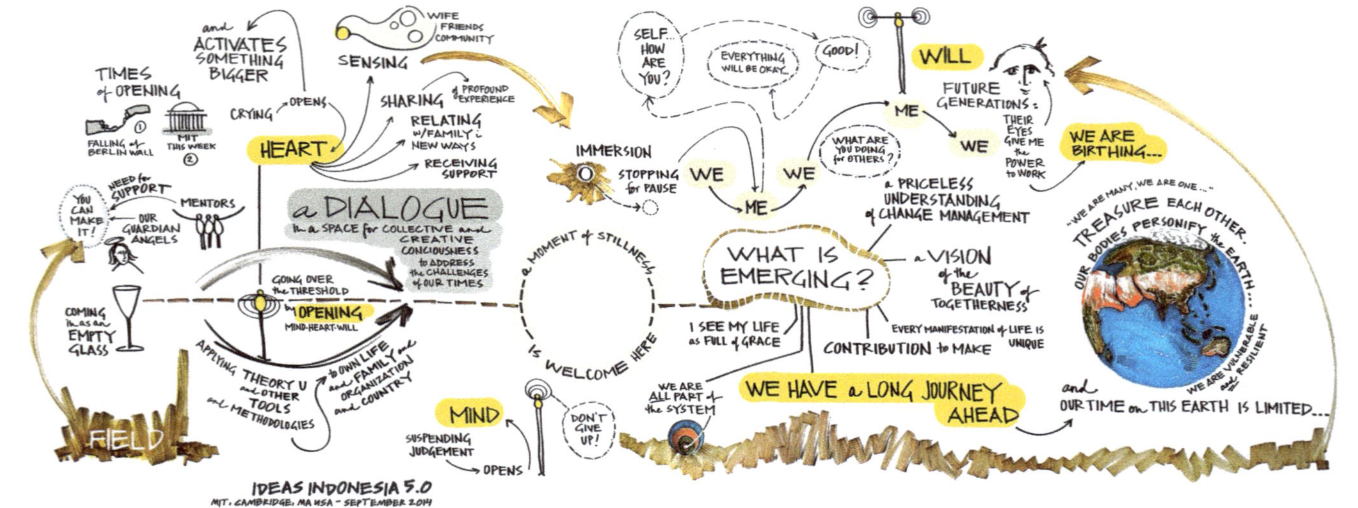

Figura 2: Integración. Este dibujo mapeó un diálogo de dos horas al final de un programa de liderazgo de un año. Demuestra la aplicación de dinámica de sistemas y equilibra las voces en la sala. Cambridge, MA, EUA. Tinta de borrado en seco en pizarra blanca, 4 pies de altura x 12 pies de ancho, 2014.

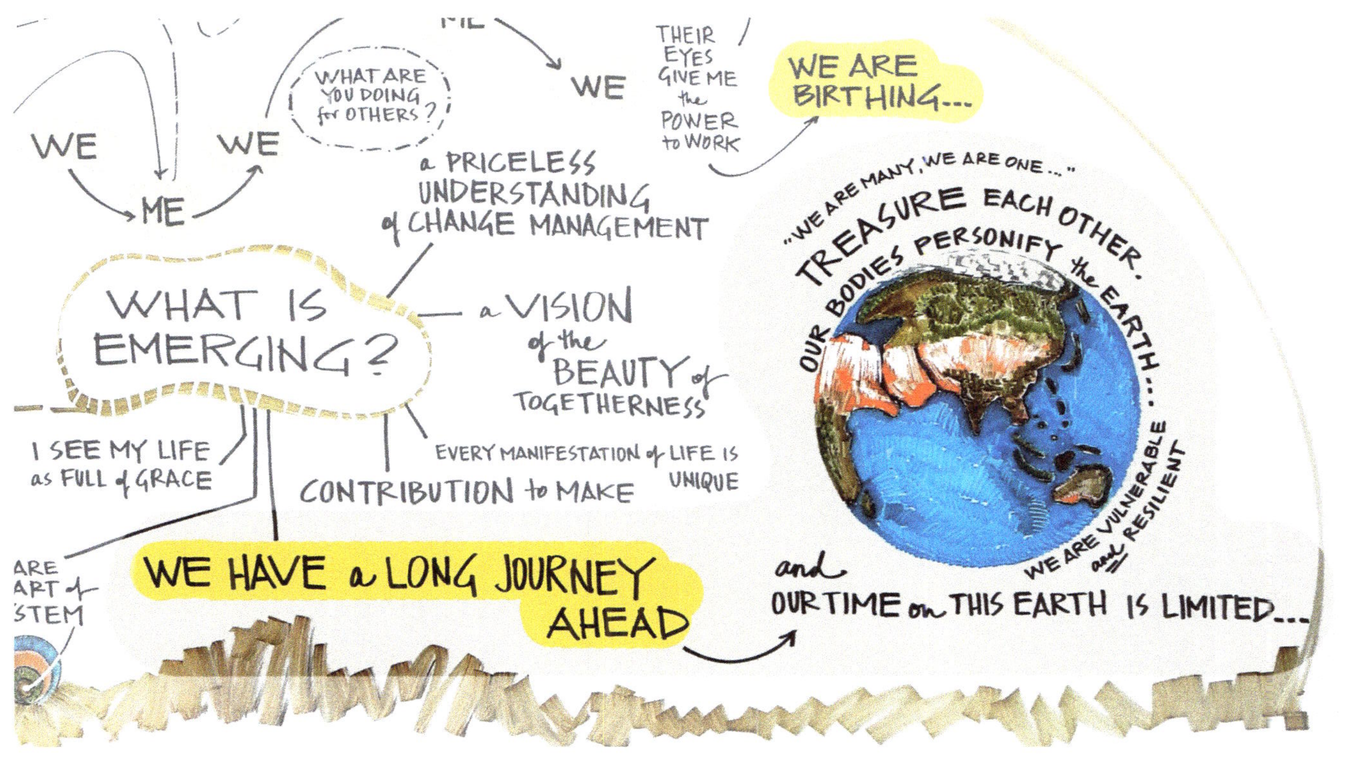

Figura 3: Integración. Ejemplo de flujo que se construye en el salón a través de múltiples voces y de tejer contribuciones individuales en un hilo. “Tenemos un largo viaje por delante...” “y nuestro momento...” “somos vulnerables...” “apreciar a todos y cada uno”.

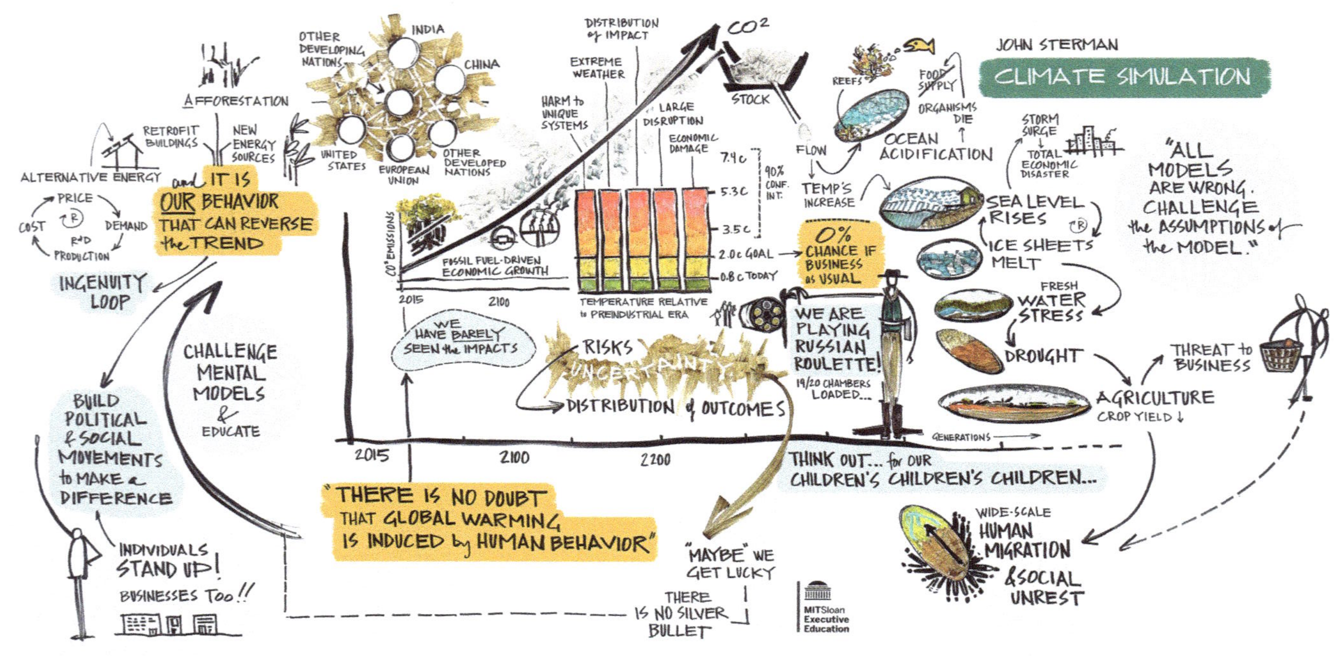

Figura 4: El iceberg. Aplicado a la documentación gráfica de una Simulación Climática C-ROADS a cargo de John Sterman, director del Grupo de Dinámica de Sistemas del MIT, Cambridge, MA, EUA. Tinta de borrado en seco en pizarra blanca, 4 pies de altura x 8 pies de ancho, 2015.

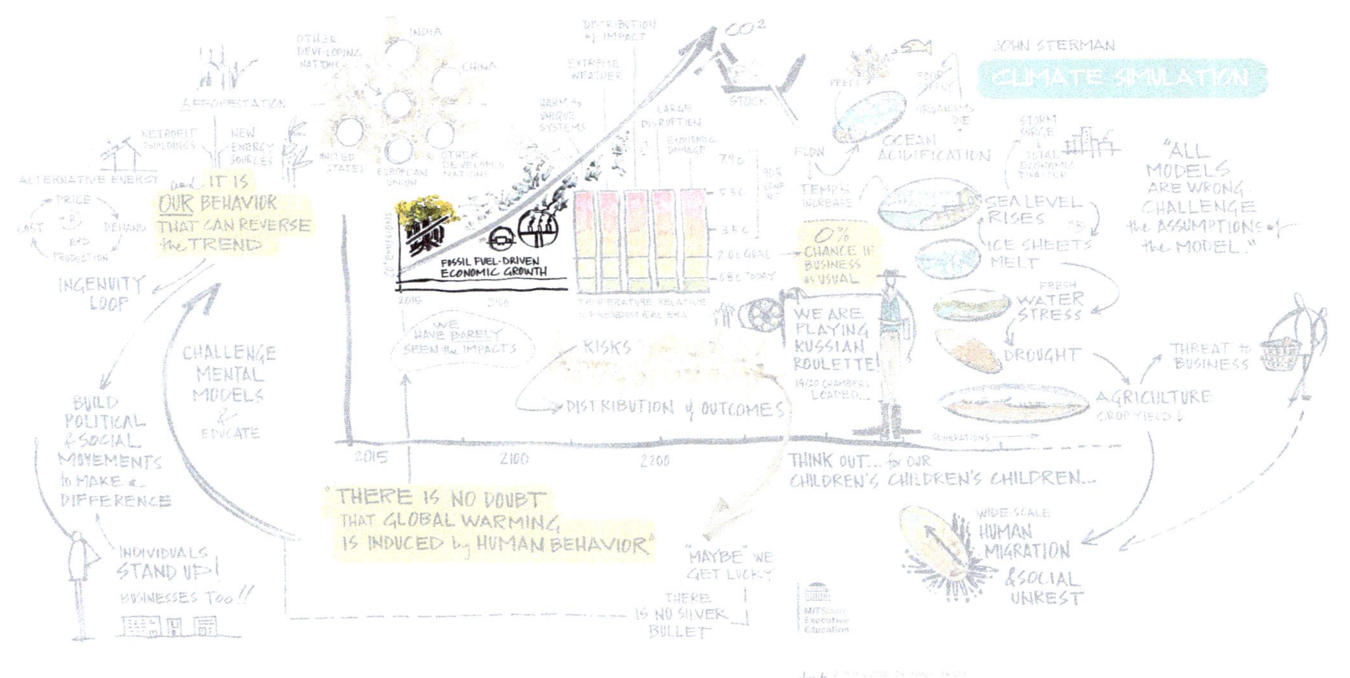

Figura 5: El iceberg: Estructuras. Detalle de la Figura 4. Esta parte de la pared mapea algunas de las estructuras que causan el cambio climático.

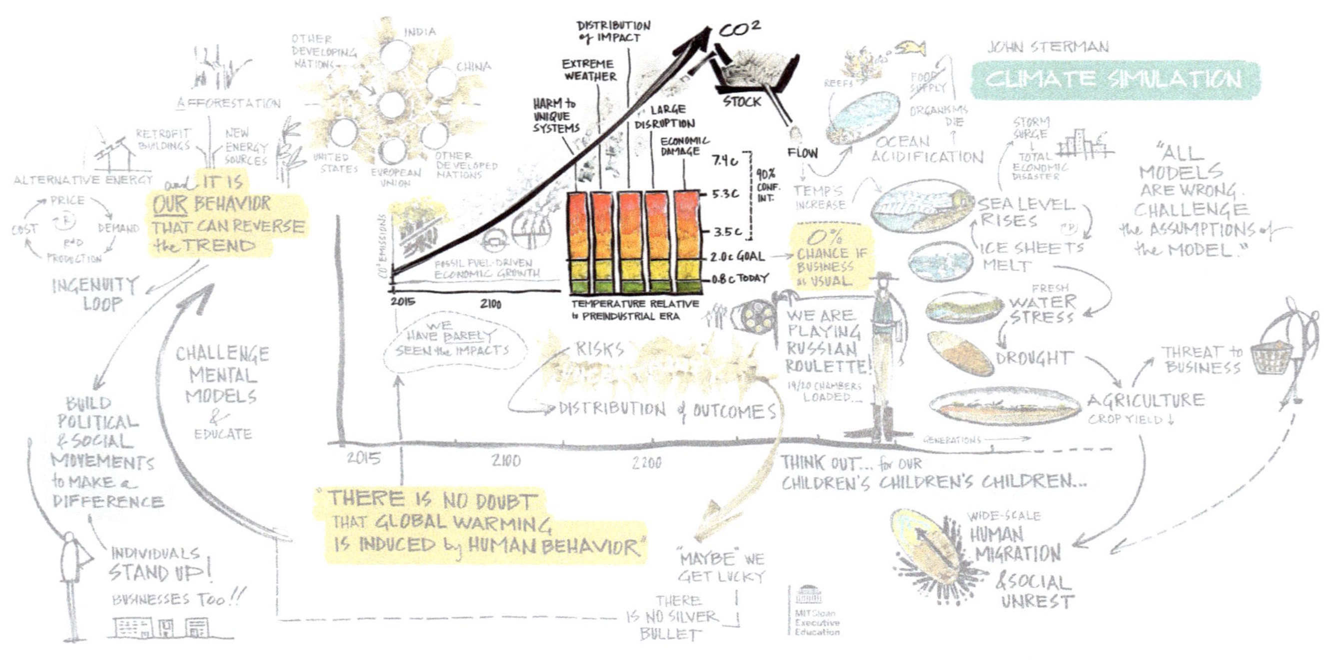

Figura 6: El iceberg: Patrones de comportamiento. Detalle de la Figura 4. Esta parte de la pared muestra tendencias actuales y proyectadas del calentamiento global.

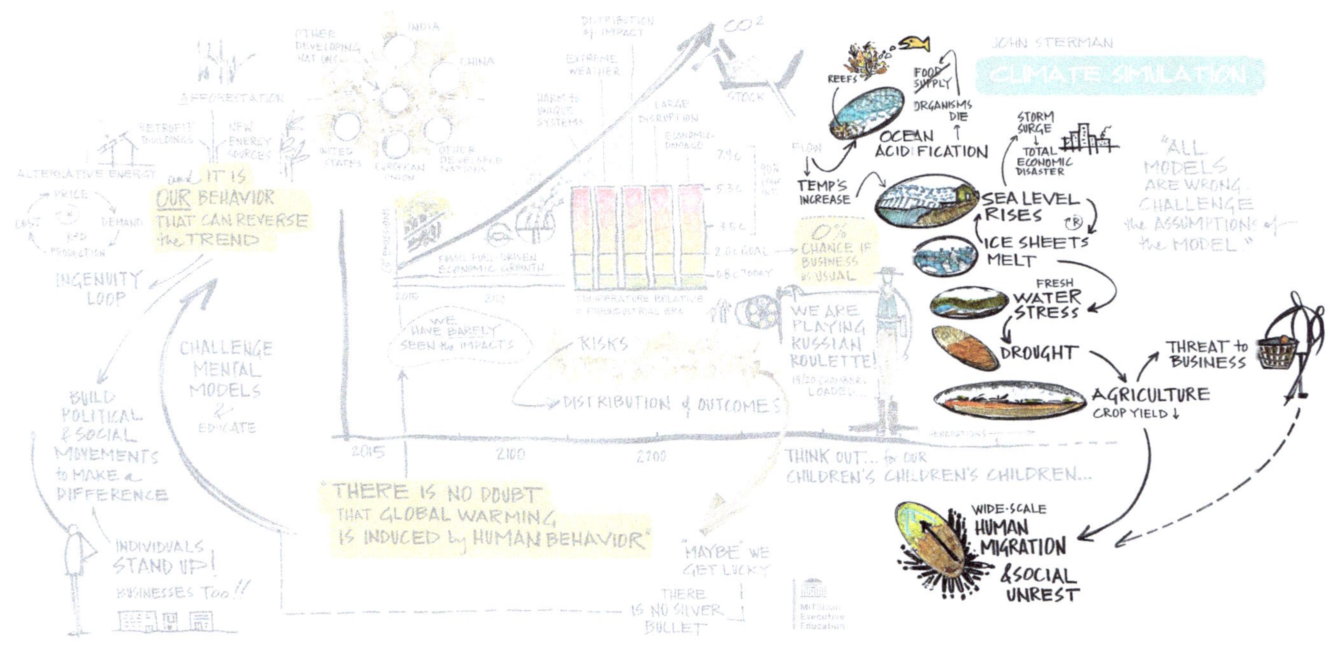

Figura 7: El iceberg: Eventos. Detalle de la Figura 4. Esta parte de la pared muestra escenarios actuales y futuros.

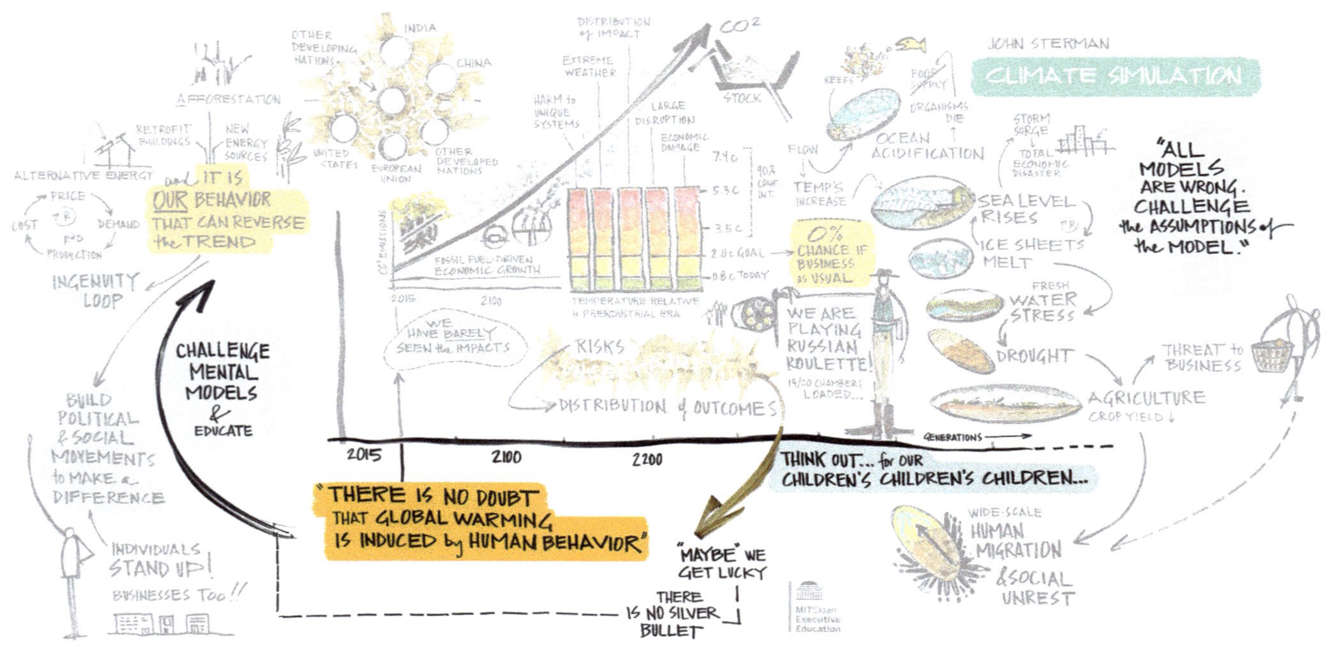

Figura 8: El iceberg: Modelos mentales. Detalle de la Figura 4. Esta parte de la pared mapea cómo nuestro pensamiento podría cambiar para redirigir resultados futuros.

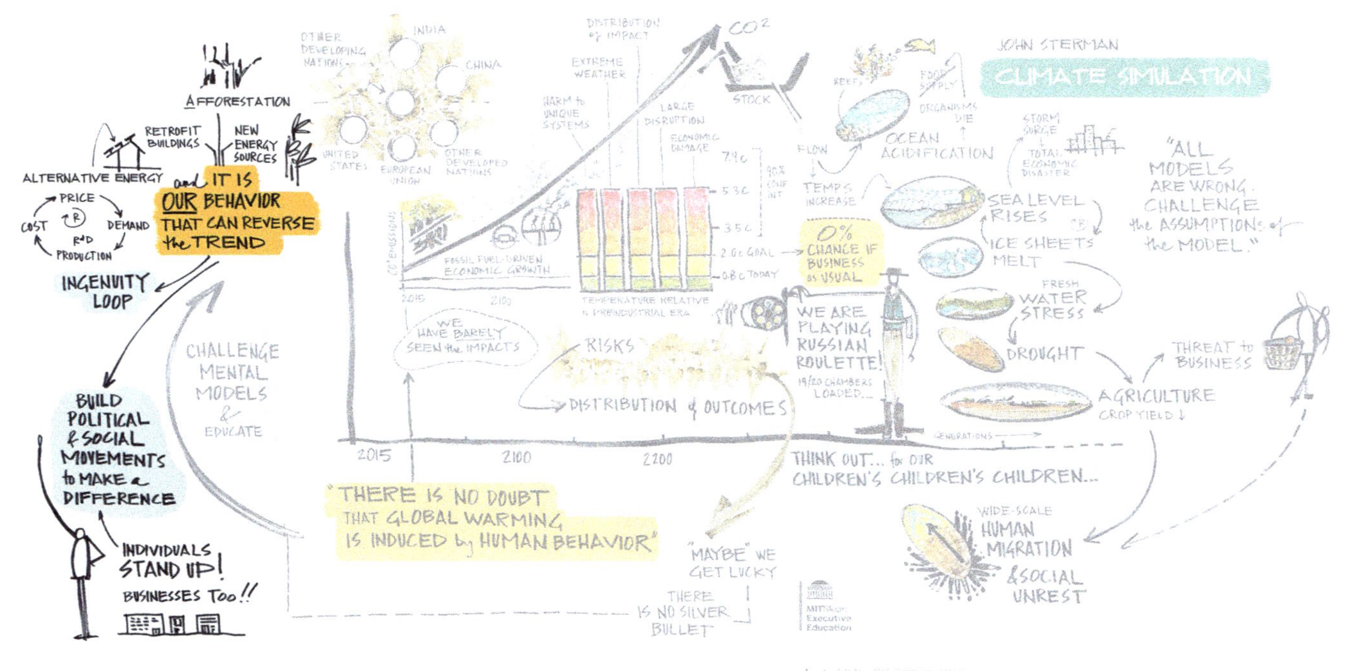

Figura 9: El iceberg: Visión. Detalle de la Figura 4. Esta parte de la pared sugiere acciones tangibles que podrían crear un futuro deseado.

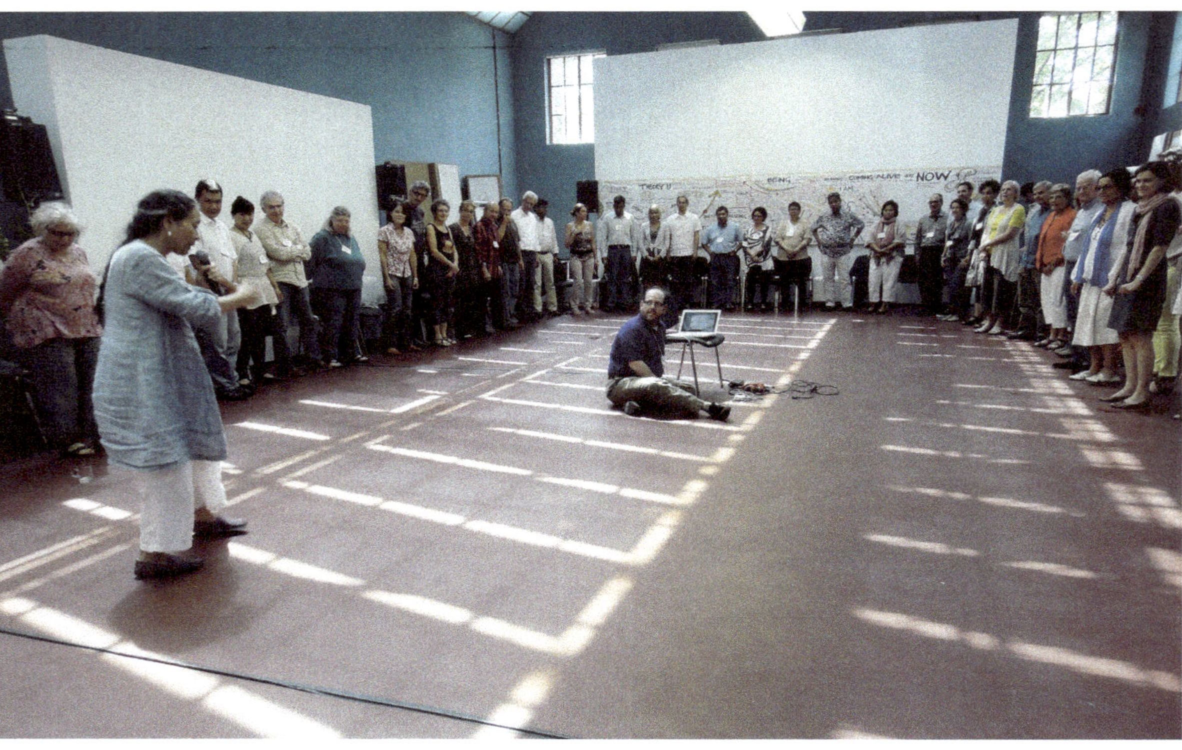

Figura 10: Contenedores. Un círculo final dirigido por Arawana Hayashi durante la Masterclass de Presenciación, con el dibujo en la pared del fondo. Berlín, Alemania. 2012.

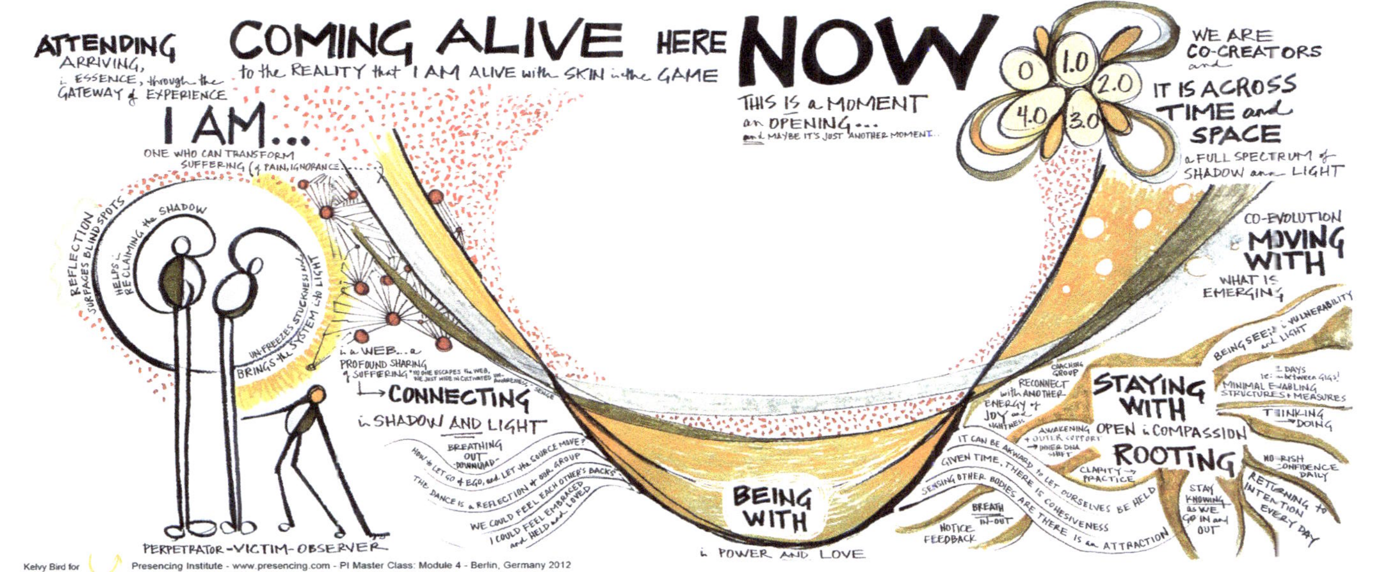

Figura 11: Presenciación. Detalle del dibujo de la Masterclass, donde me di cuenta por primera vez de que la presenciación aparecía en la sala y en la imagen simultáneamente. Tinta permanente en papel, 2012.

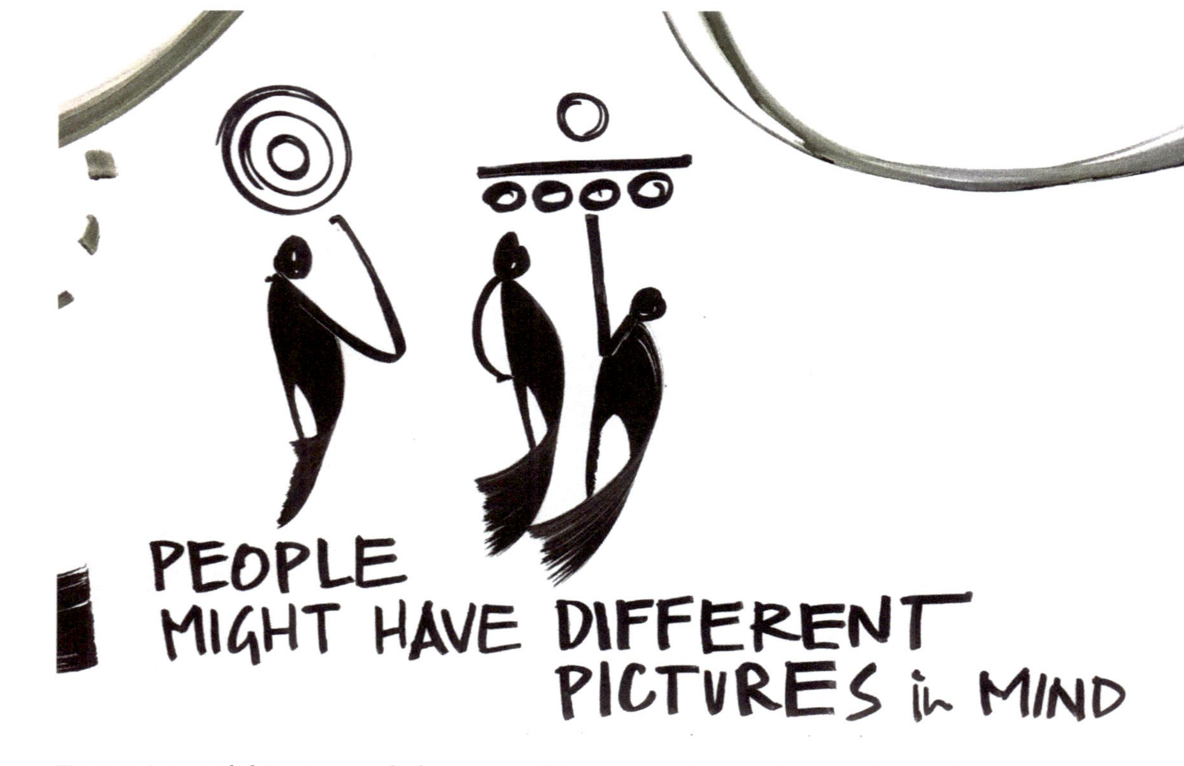

Figura 12: Autenticidad. No siempre es lindo, ¡pero es real! Para conservar la energía, hago un esfuerzo en los gestos que uso para tomar los marcadores, en lugar de buscar la precisión literal. Tinta de borrado en seco en pizarra blanca, 2017.

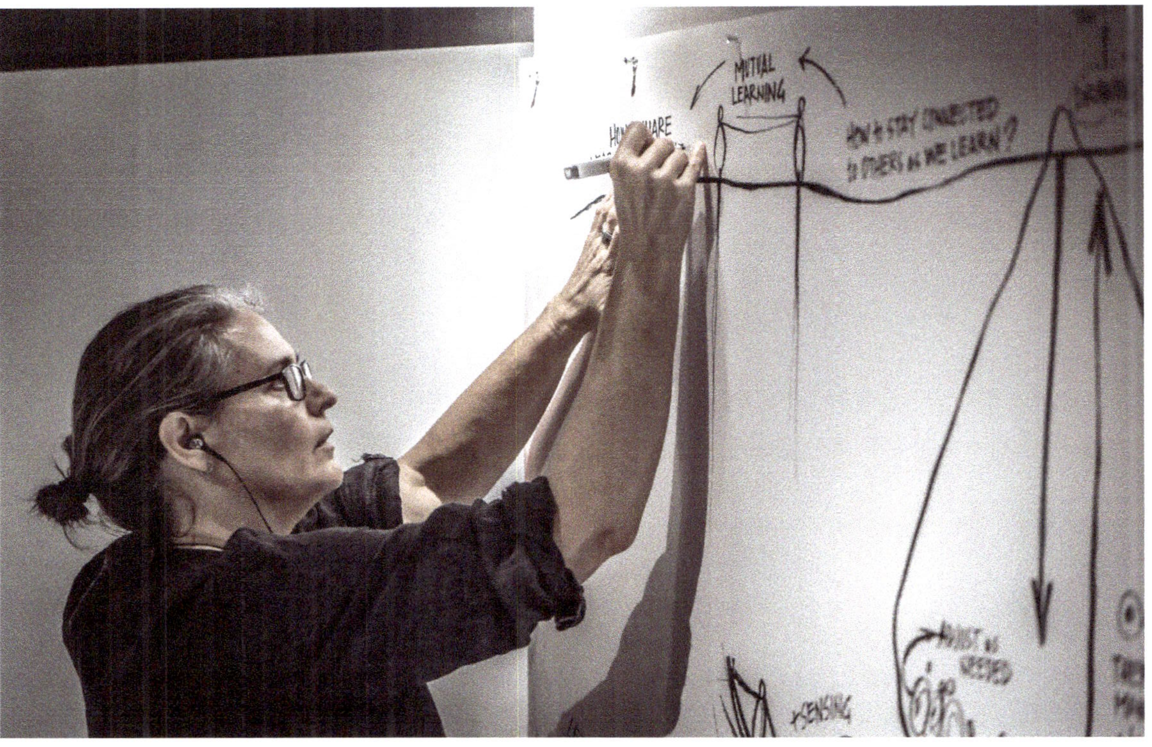

Figura 13: Escuchar. Usando auriculares para escuchar la traducción de mandarín a inglés durante un taller de demostración en Taipéi, Taiwán. Tinta permanente en papel, 2016. Crédito de la foto: Tsunami Lin.

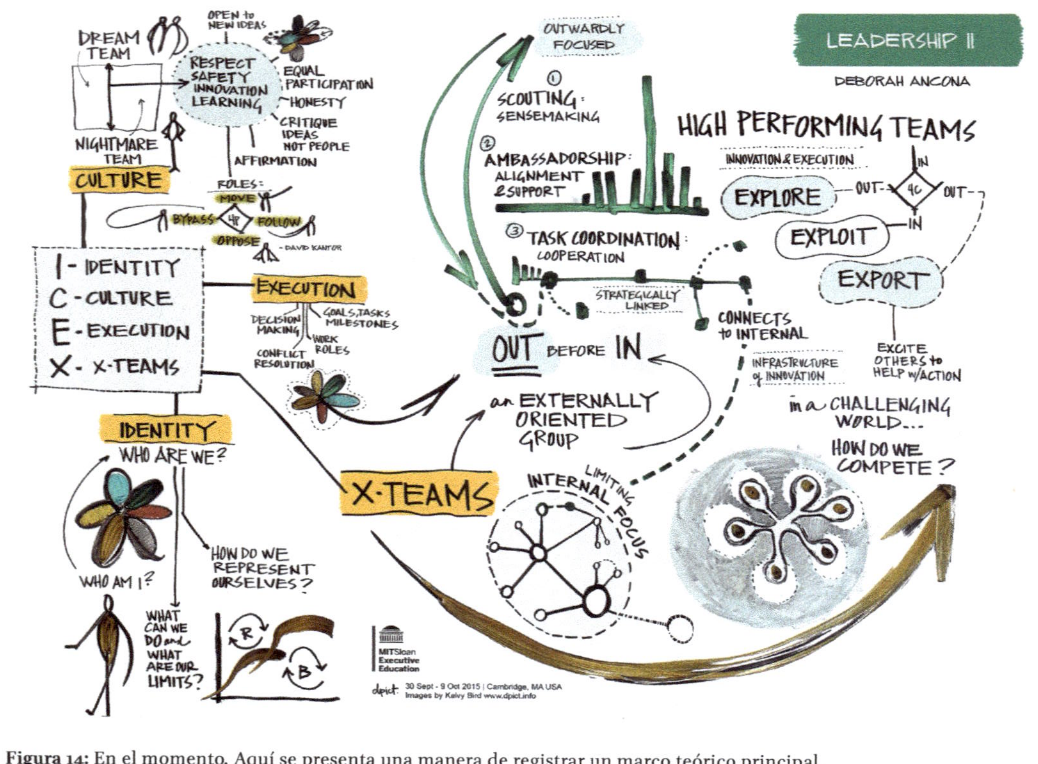

Figura 14: En el momento. Aquí se presenta una manera de registrar un marco teórico principal, "X-Teams", según lo presentado por Deborah Ancona del MIT Leadership Center. Cambridge, MA, EUA. Tinta de borrado en seco en pizarra blanca, 4 pies de altura x 5 pies de ancho, 2015.

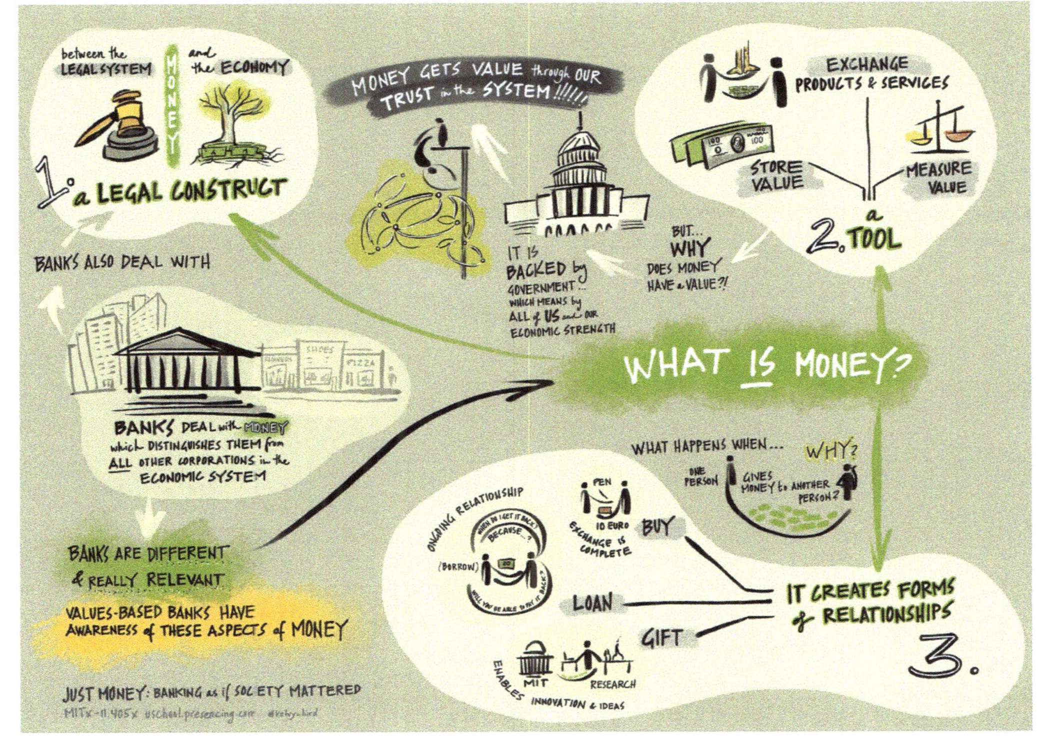

Figura 15: En el momento. Este ejemplo describe el concepto de dinero para el curso masivo abierto en línea (MOOC, por sus siglas en inglés) EdX Just Money: Banking as if Society Matters (Sólo dinero: la actividad bancaria como si la sociedad importara). iPad Pro con ProCreate, 2016.

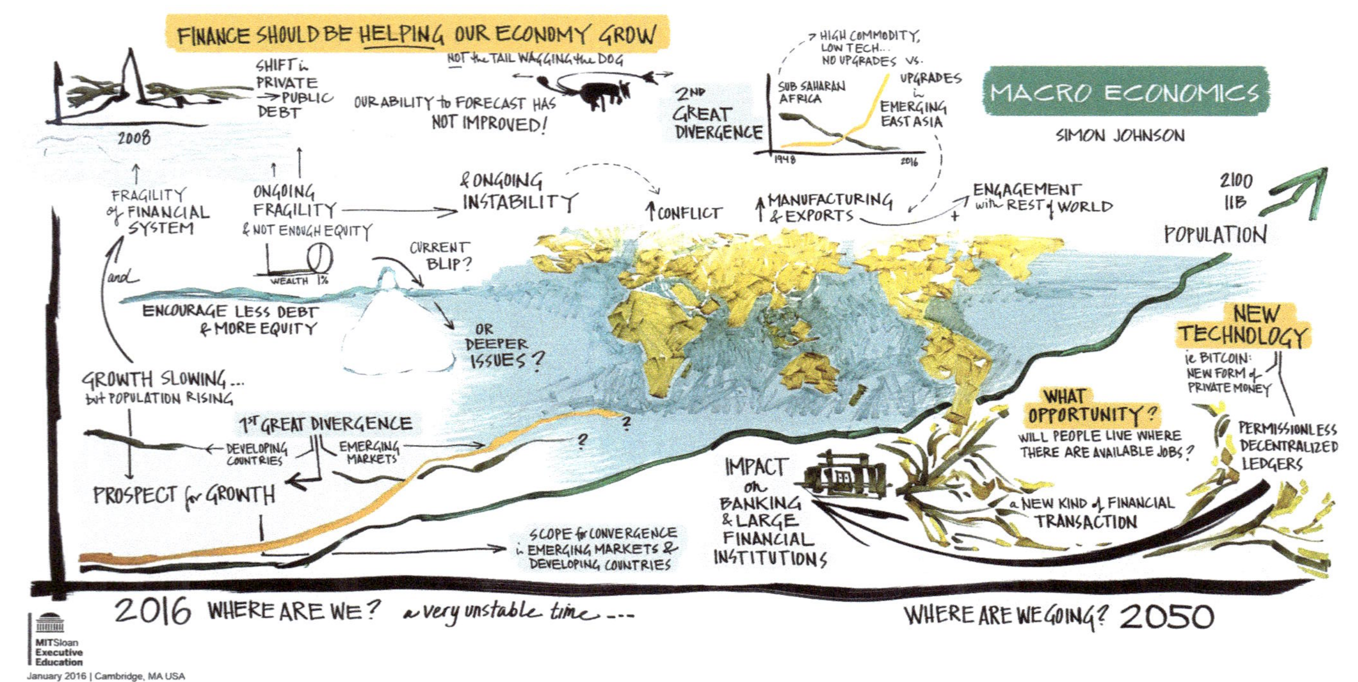

Figura 16: A lo largo del tiempo. Aquí utilicé una línea de tiempo para mapear una charla de Simon Johnson, profesor de emprendimiento en la MIT Sloan School of Management, sobre macroeconomía durante un período de treinta años. Tinta de borrado en seco en pizarra blanca, 4 pies de altura x 8 pies de ancho, 2014. (Ver pared completa en la Figura 33).

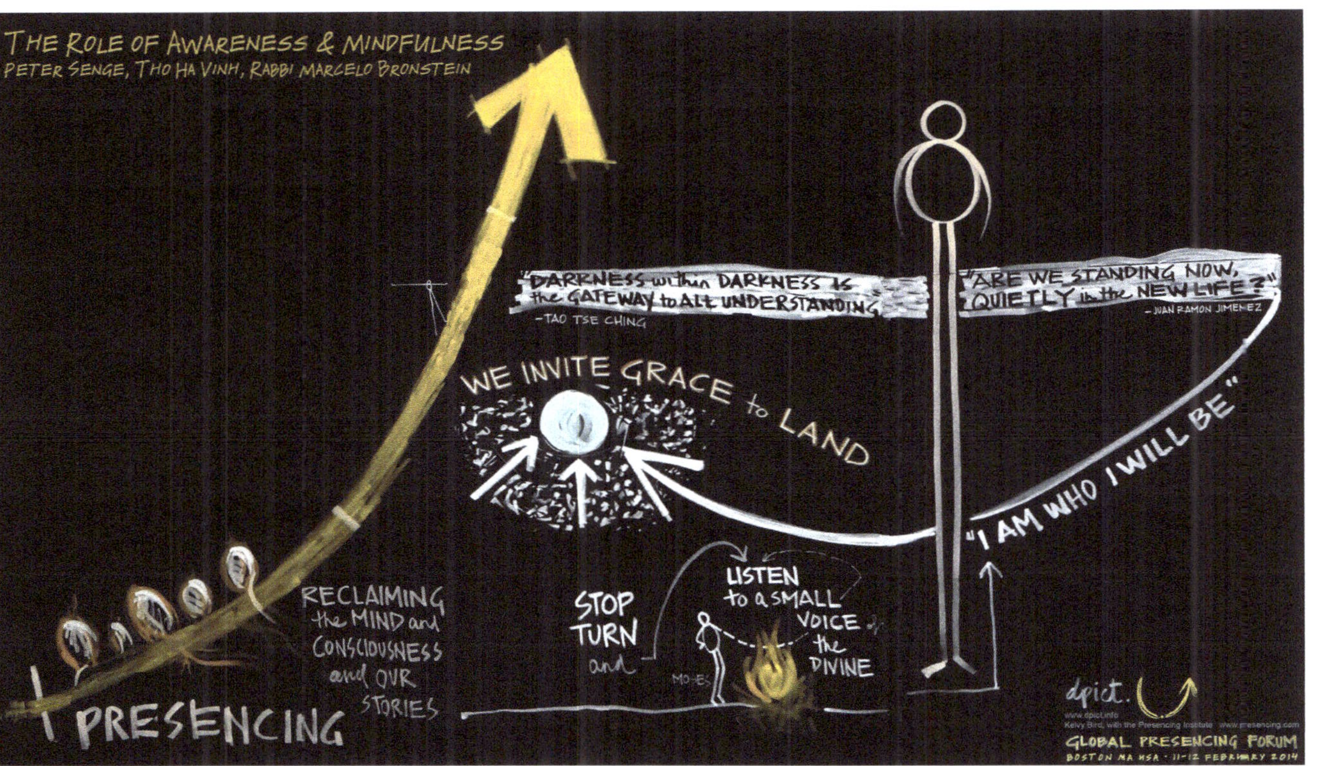

Figura 17: A su debido tiempo. Un detalle de la Figura 18, mostrando la manera que capturó el contenido de tres oradores sobre mindfulness con poco dibujo.

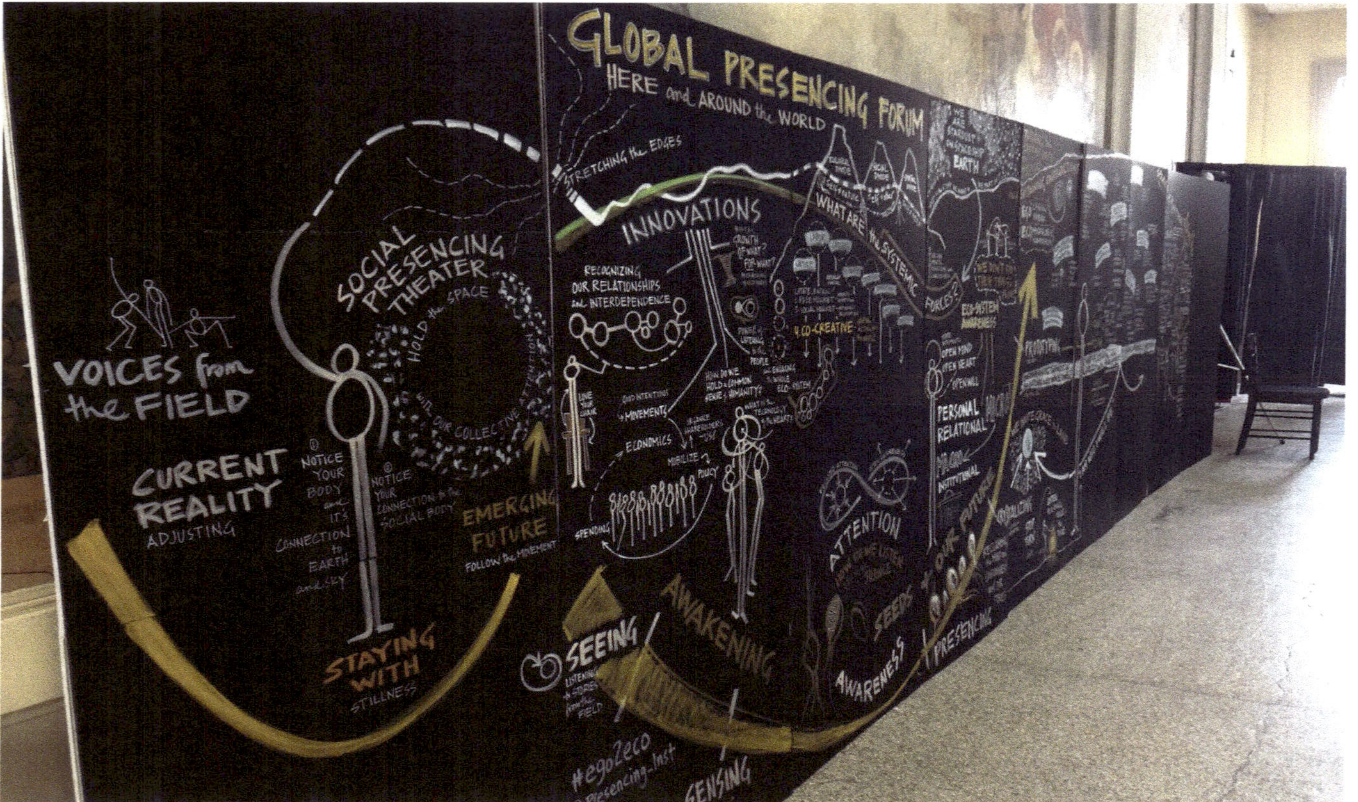

Figura 18: Coherencia. Para una reunión de tres días con alrededor de 250 personas, tejí todo el contenido plenario en una única pared larga. Se juntó para formar un extraño mamífero, lo cual no fue mi intención (pero me encantó). Fíjense el ojo y el colmillo

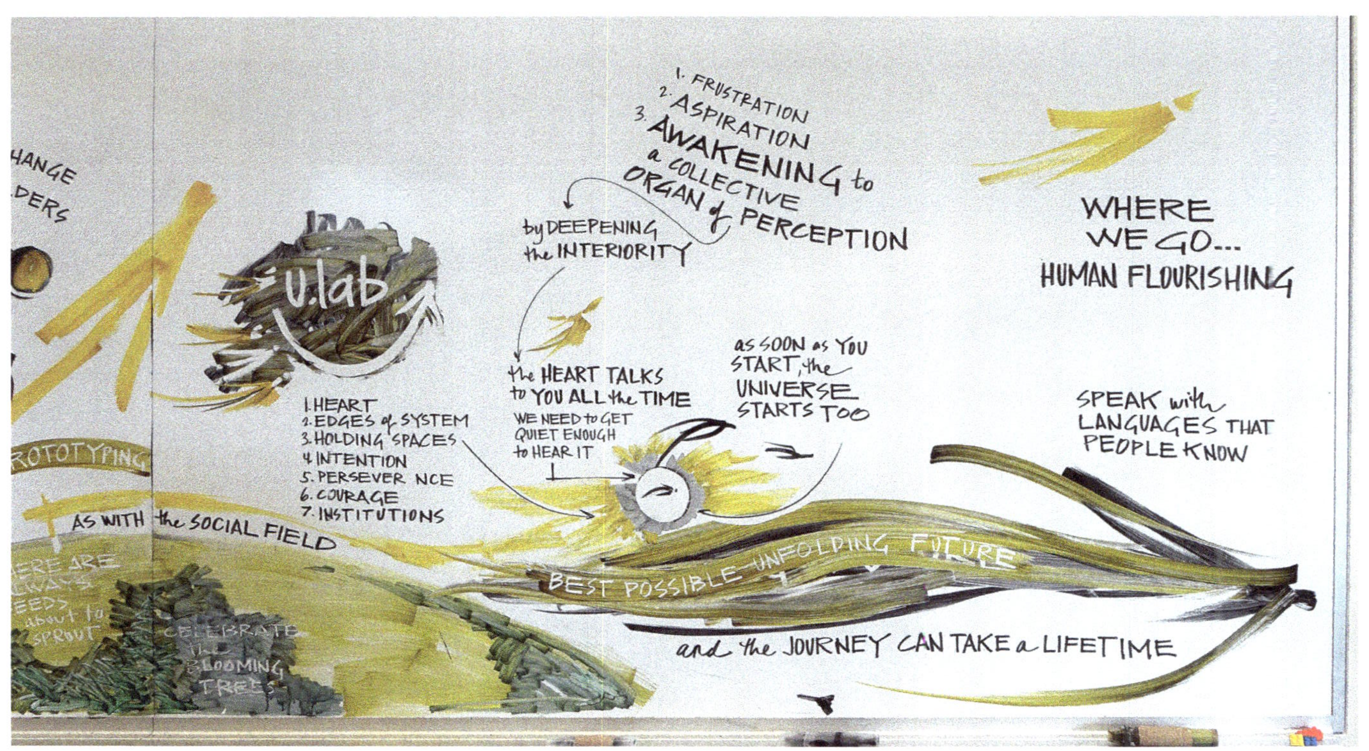

Figura 19: Discernir. Un ejemplo de involucrar un mensaje clave relacionado con el "mejor futuro emergente posible". Las líneas de la flecha grande y gestual, y el pájaro en el círculo vacío con dorado alrededor, demuestran un esfuerzo por "transformar" ese mismo mensaje. Tinta de borrado en seco en pizarra blanca, 2016.

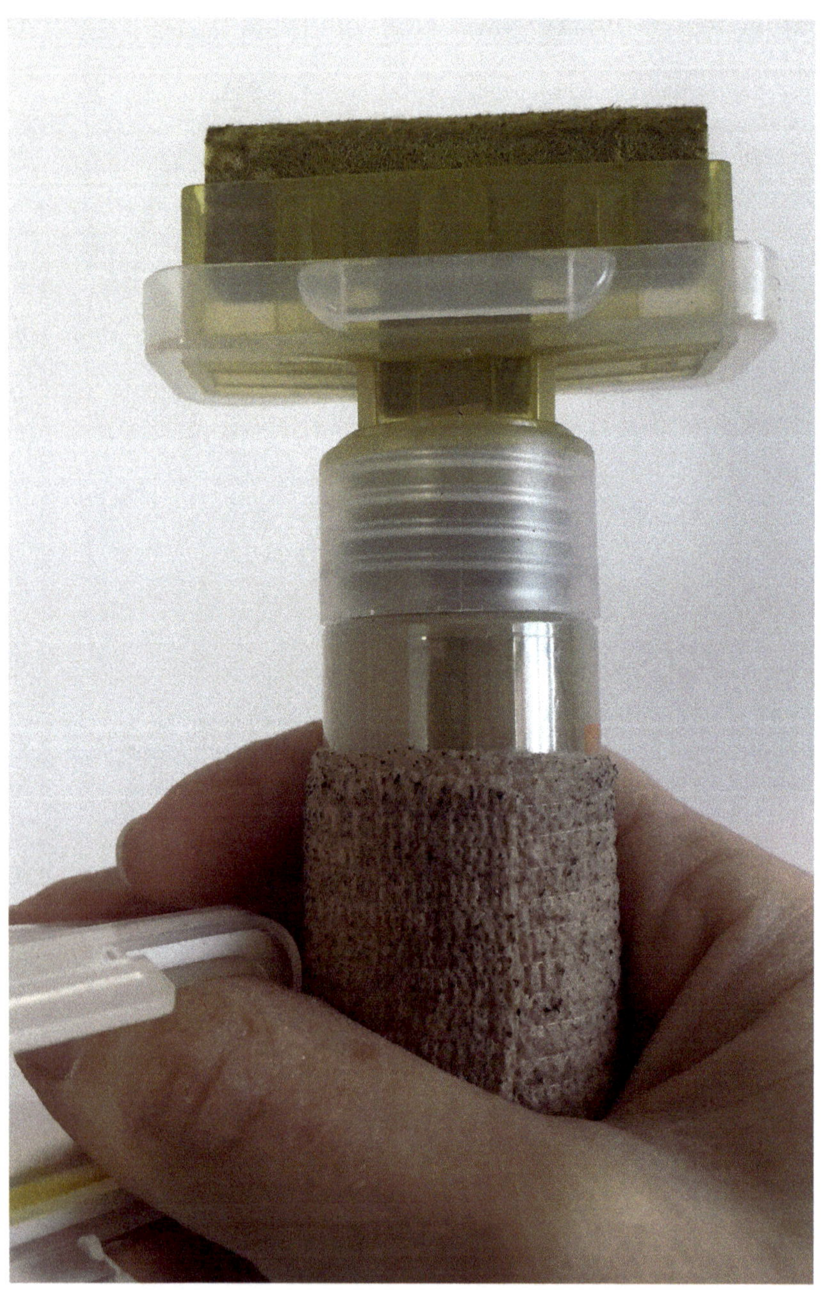

Figura 20: Alegría. Tinta mezclada a medida de borrado en seco marca Neuland en un estuche Montana de 50 mm, envuelto con elástico flexible para ayudar a sujetarlo. 2015.

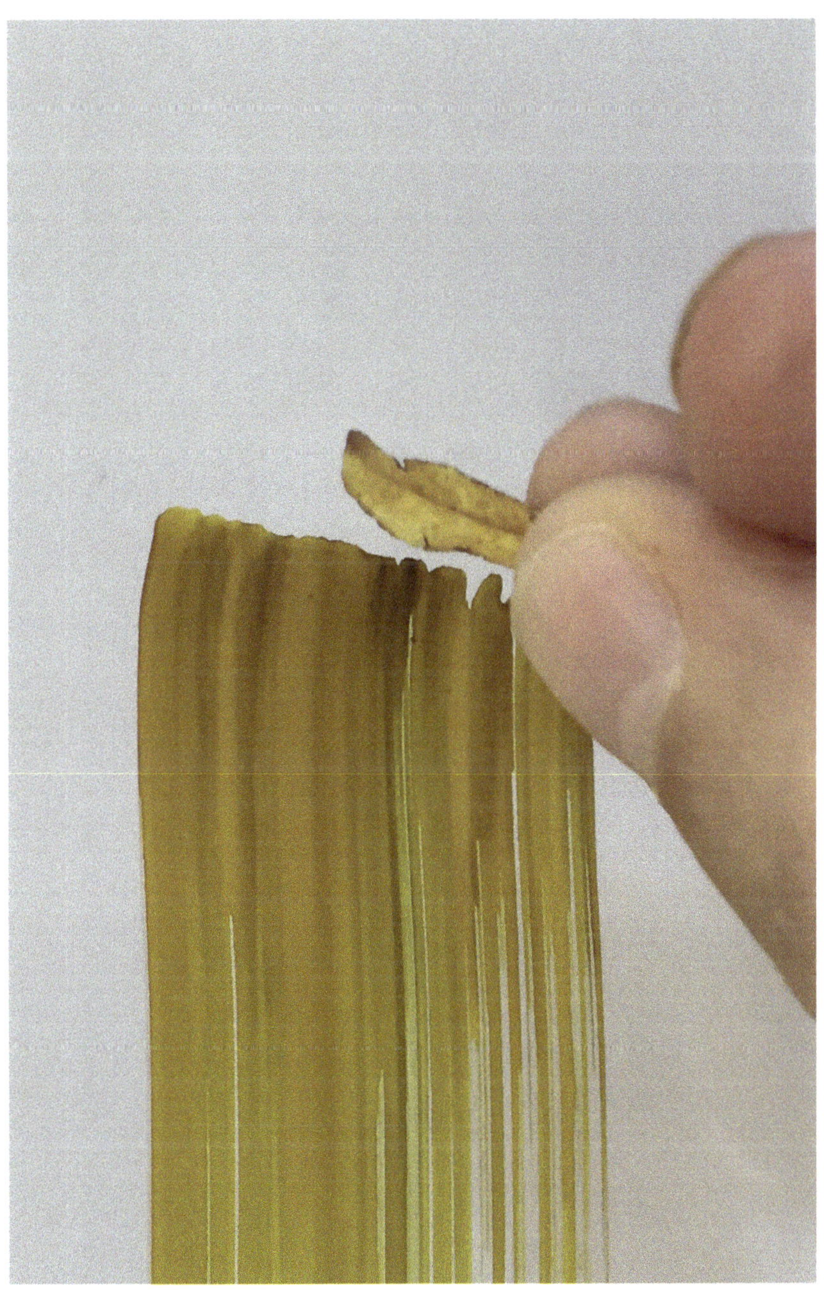

Figura 21: Más alegría. Tinta mezclada a medida de borrado en seco marca Neuland que terminó coincidiendo con una hoja que tenía en mente y luego encontré en el suelo mientras dibujaba. 2015.

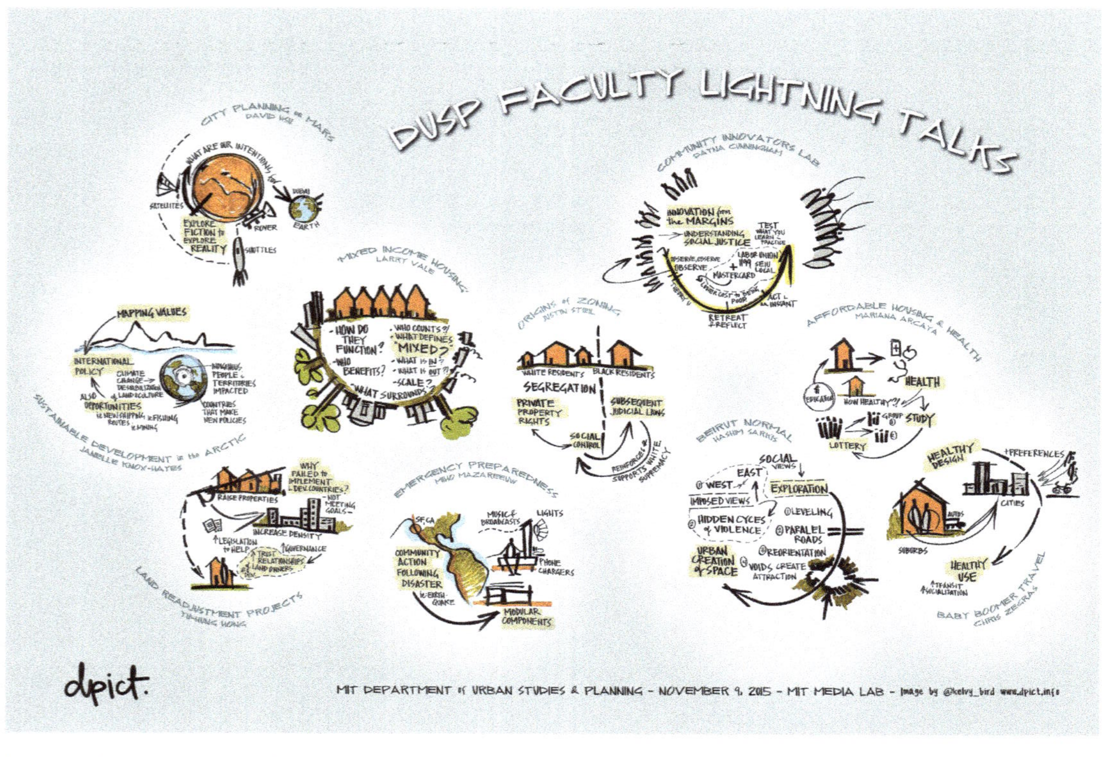

Figura 22: Documentación nivel uno. Las Lightning Talks consisten en una serie de ráfagas de contenido de tres minutos, en las que es esencial registrar la información con precisión. Coloreado y digitalizado en Adobe Photoshop. Tinta permanente en cartón pluma, 40 pulgadas de alto x 60 pulgadas de ancho, 2015.

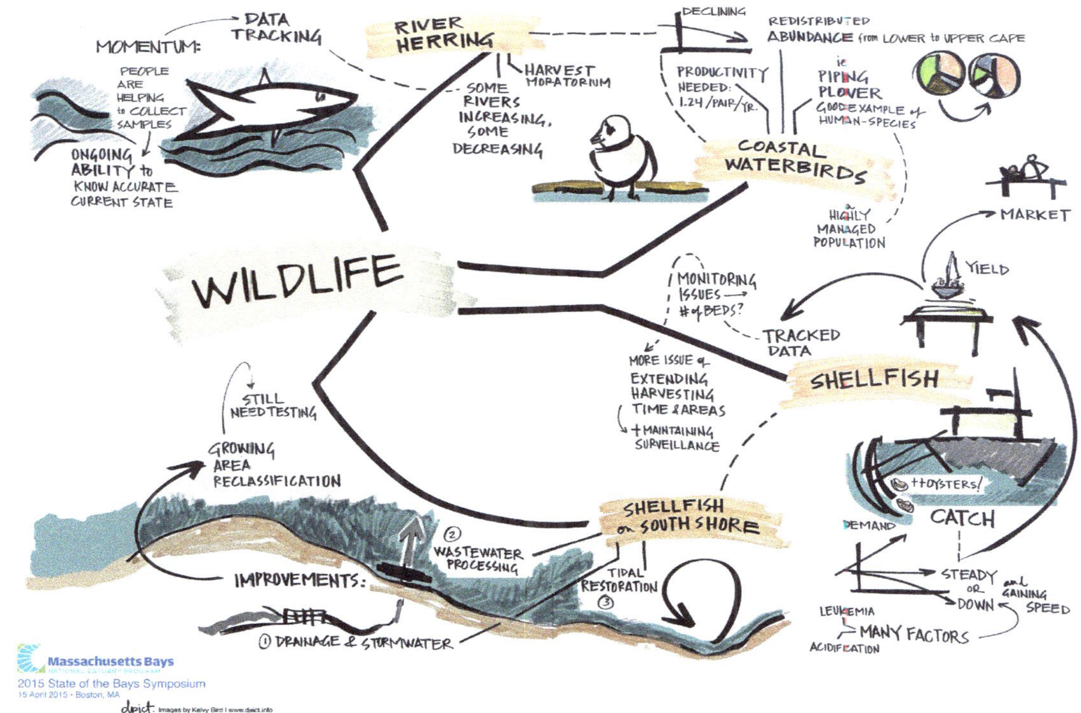

Figura 23: Documentación nivel dos. Presentaciones múltiples sobre el tema de la vida silvestre, para un Simposio sobre el Estado de las Bahías, parte del Programa Nacional de Estuarios de Massachusetts. Tinta permanente en cartón pluma, 40 pulgadas de alto x 60 pulgadas de ancho, 2015.

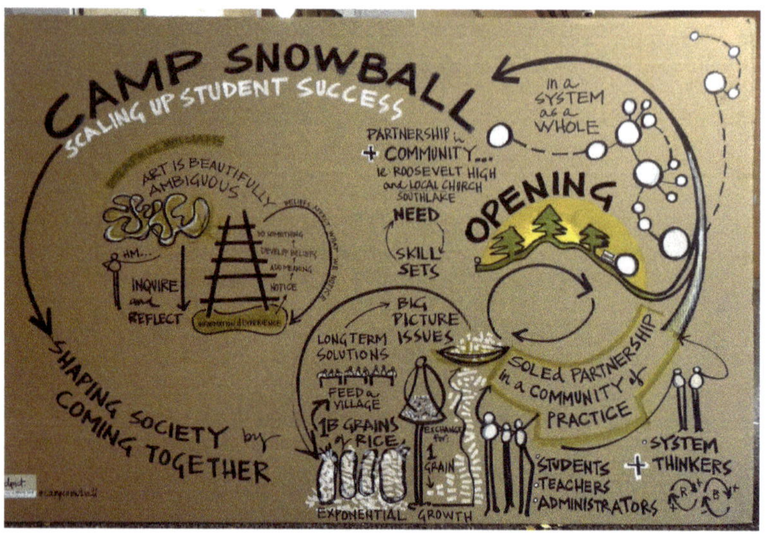

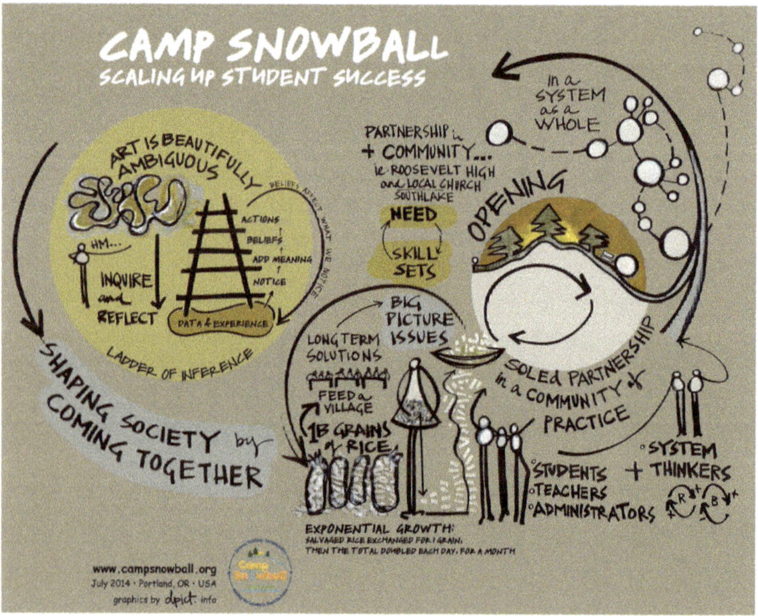

Figura 24: Documentación nivel tres. Este es un ejemplo de relacionar elementos visualmente con el contexto, donde varios oradores establecieron la intención para un programa de una semana. La imagen superior es la fotografía original y la inferior es el archivo digital editado. Portland, OR, EUA. Tinta permanente y pintura acrílica sobre cartón, 4 pies de alto x 6 pies de ancho, 2014. www.academyforchange.org.

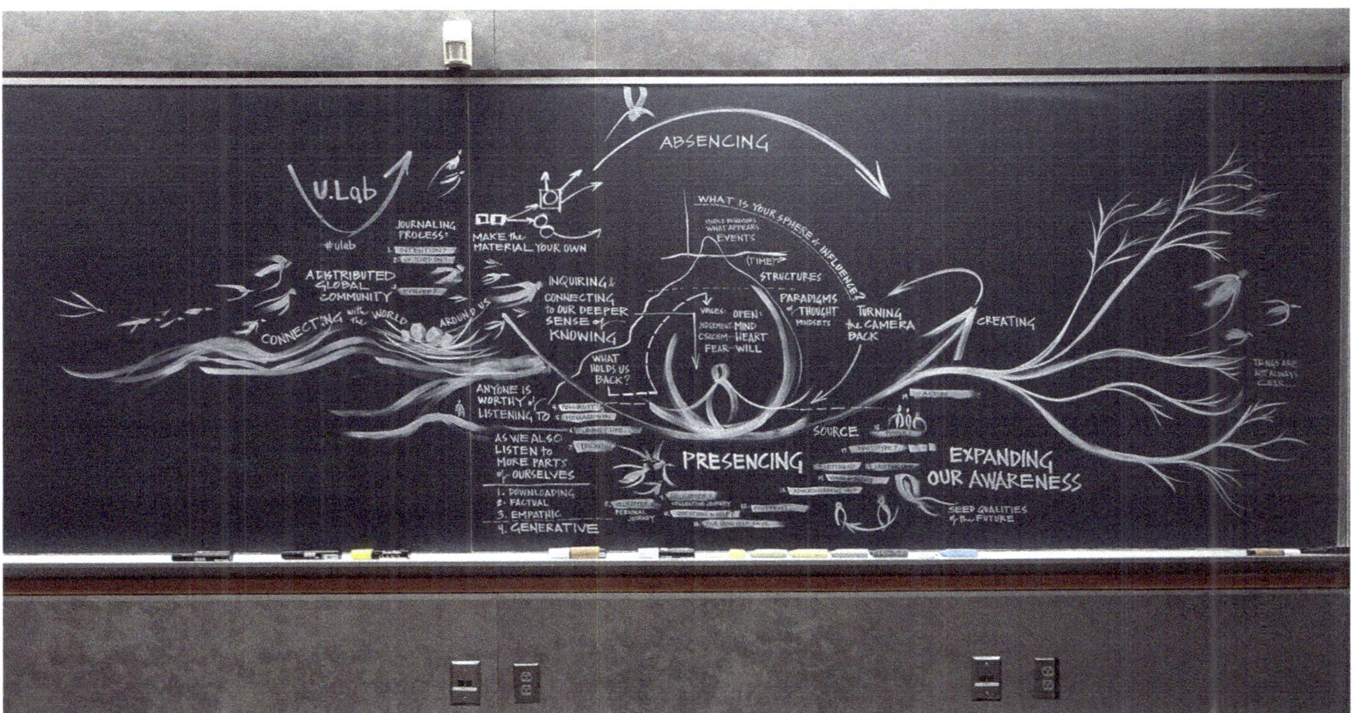

Figura 25: Documentación nivel cuatro. Ejemplo de una sesión de 90 minutos de u.lab, transmitida en vivo a alrededor de 8,000 personas desde Cambridge, MA, EUA. Tenía varias tizas y tintas preparadas, pero sólo usé un pincel y dos marcadores. Tiza líquida en pizarra, 5 pies de alto x 10 pies de ancho, 2016.

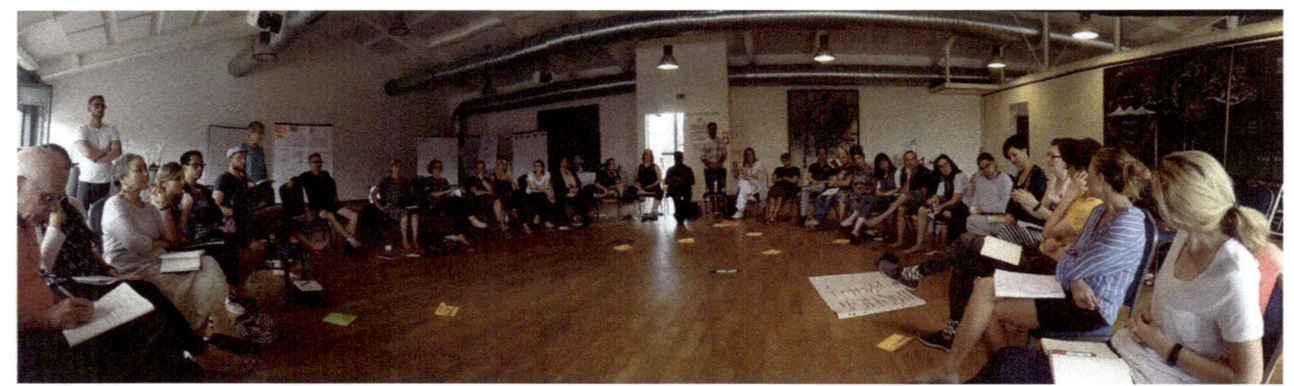

Figura 26: Configuración. Un ejemplo de "contenedor" en el salón que le brindó al dibujo una calidad especial de cuidado. Ver el papel en el extremo derecho. Me senté con el grupo en el círculo hasta que sentí que necesitaba dibujar; en ese momento me levantaba a trabajar en la pared. Crédito de la foto: Daniel Contrucci.

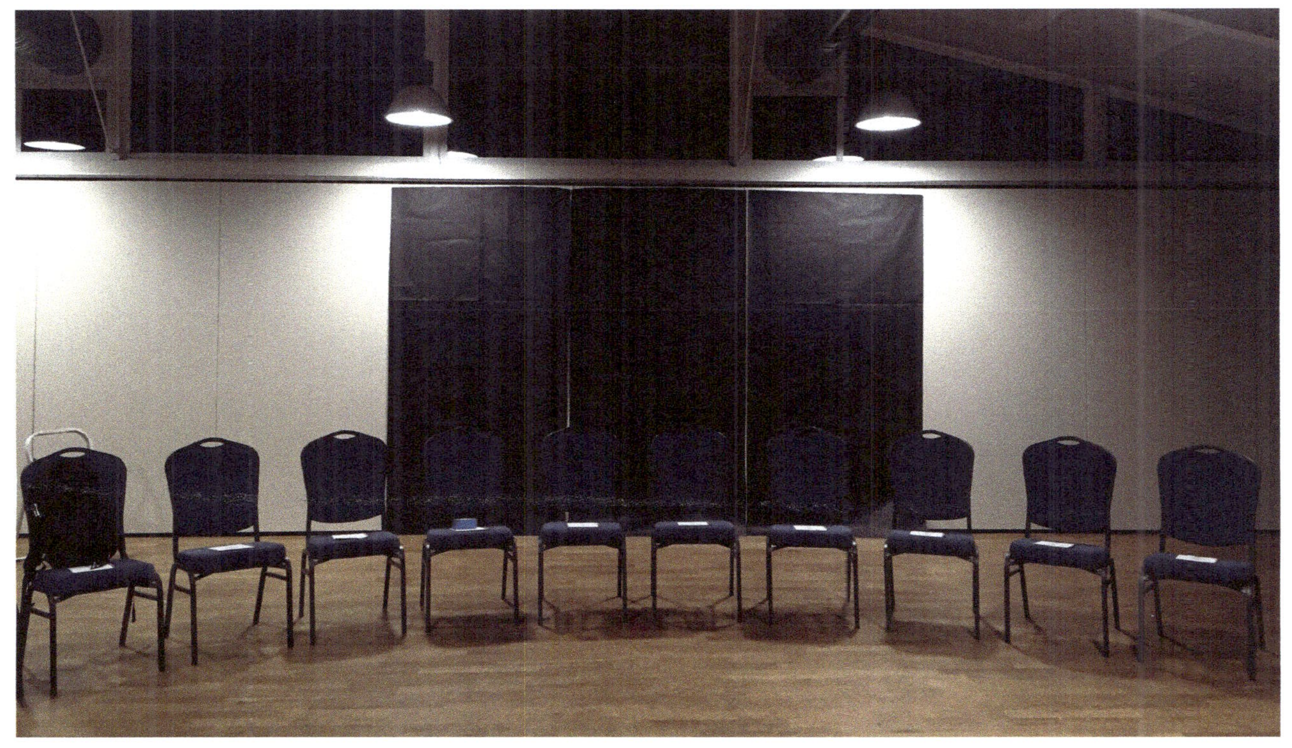

Figura 27: Configuración. Para el dibujo en la Figura 28, colgué el papel la noche anterior al inicio de la sesión y me senté un momento al lado, decidiendo cómo manejar las arrugas. Las dejé, lo que demuestra una especie de libertad.

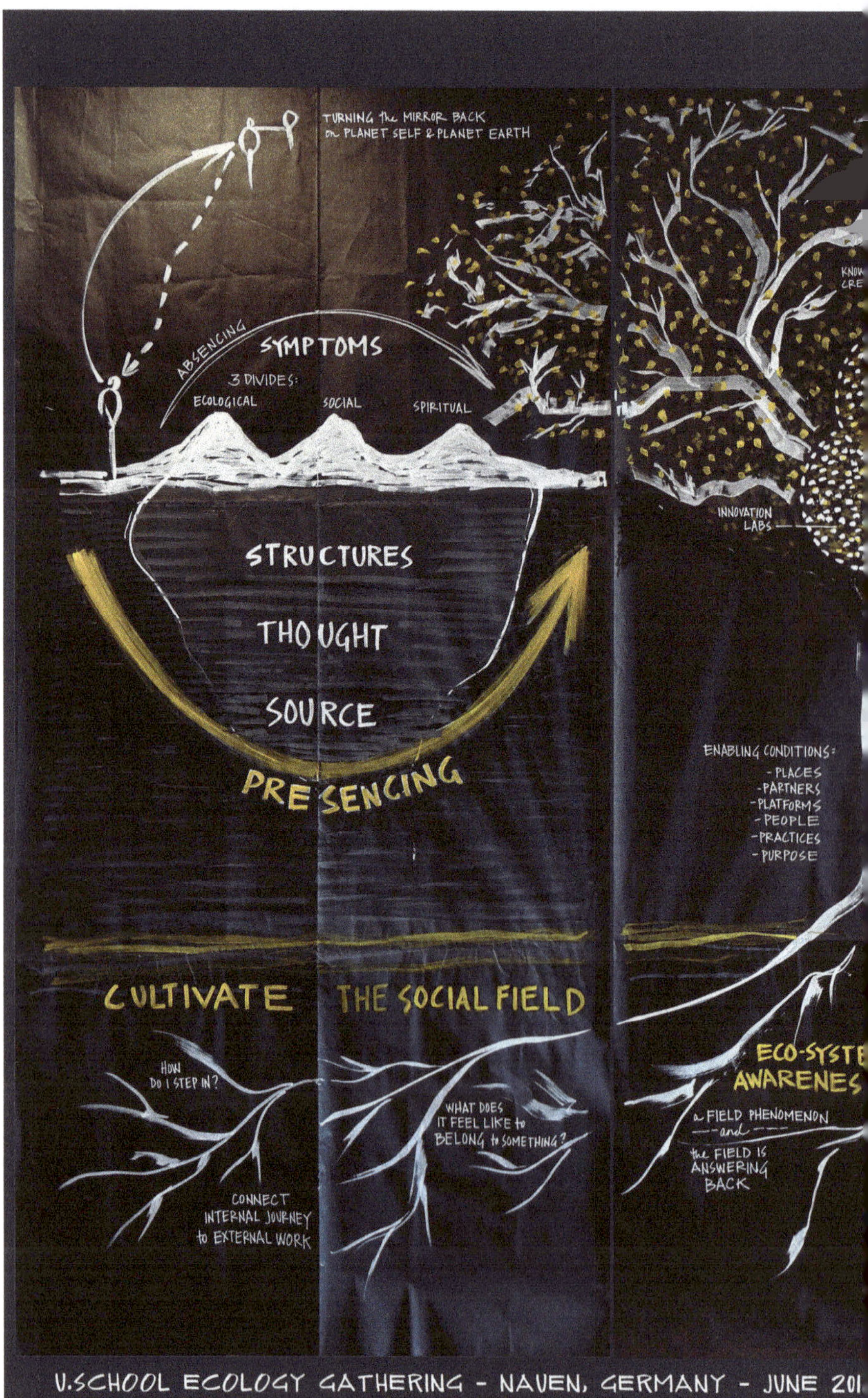
TURNING the MIRROR BACK
on PLANET SELF & PLANET EARTH
ABSENCING
SYMPTOMS
3 DIVIDES:
ECOLOGICAL
SOCIAL
SPIRITUAL
STRUCTURES
THOUGHT
SOURCE
PRESENCING
INNOVATION LABS
ENABLING CONDITIONS:
-PLACES
-PARTNERS
-PLATFORMS
-PEOPLE
-PRACTICES
-PURPOSE
CULTIVATE THE SOCIAL FIELD
HOW DO I STEP IN?
CONNECT INTERNAL JOURNEY to EXTERNAL WORK
WHAT DOES IT FEEL LIKE to BELONG to SOMETHING?
a FIELD PHENOMENON
and
the FIELD IS ANSWERING BACK
U.SCHOOL ECOLOGY GATHERING - NAUEN, GERMANY - JUNE 201

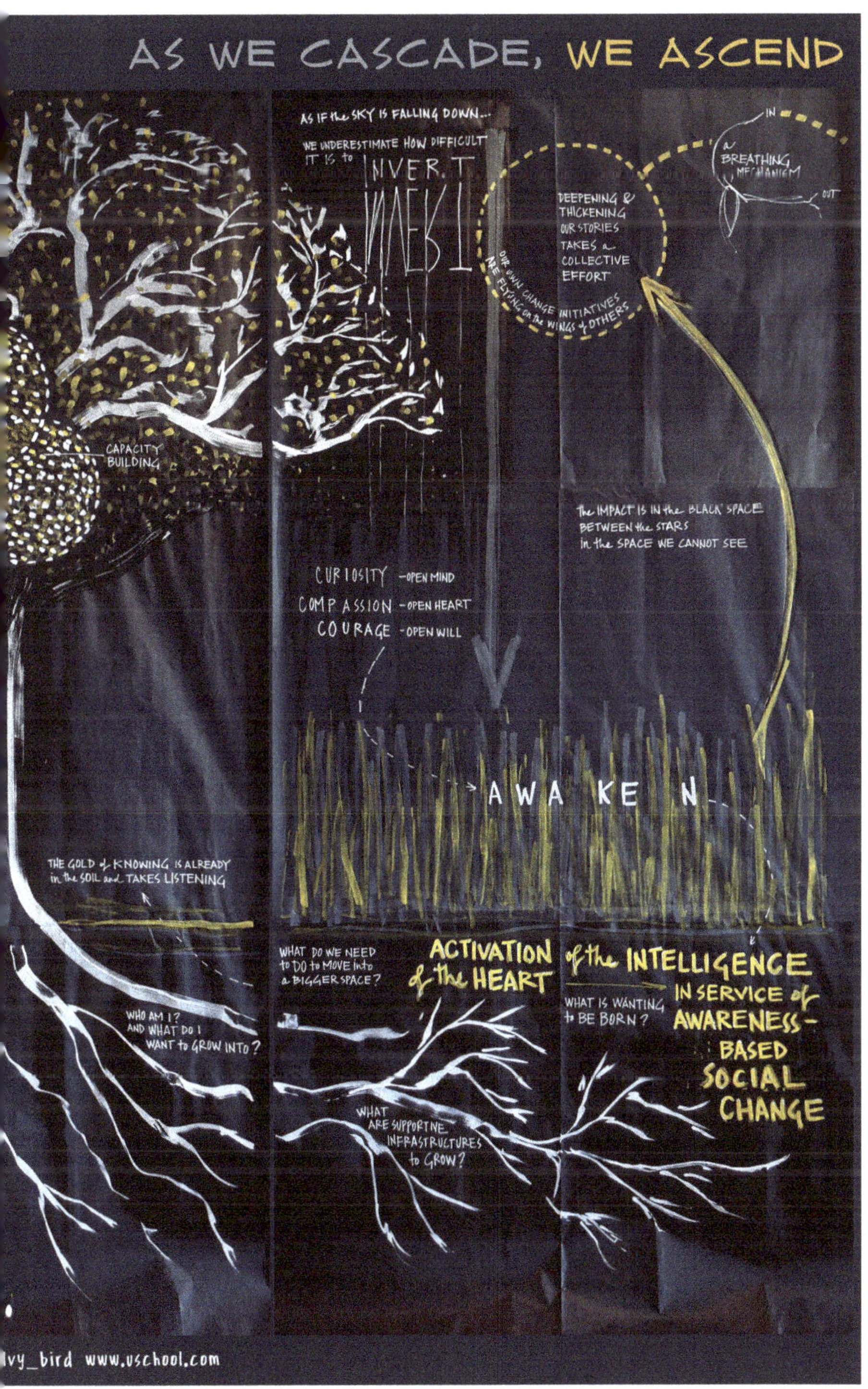

Figura 28: Documentación gráfica generativa. Ecología u-school. Ejemplo de tres usos del tiempo y de documentación generativa, de una sesión de dos días con alrededor de treinta personas, en Nauen, Alemania. Pintura acrílica sobre papel, 9 pies de alto x 12 pies de ancho, 2016.

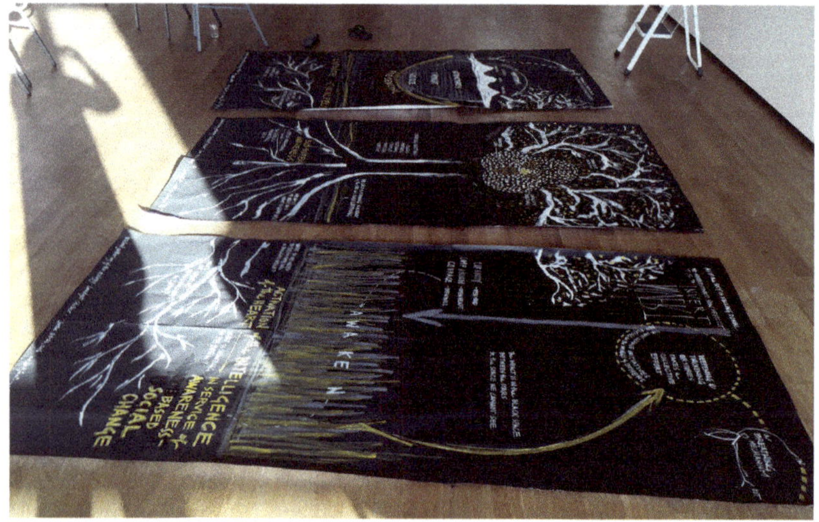

Figura 29: Desmontaje. Desmontando el trabajo con cuidado, después de la documentación digital.

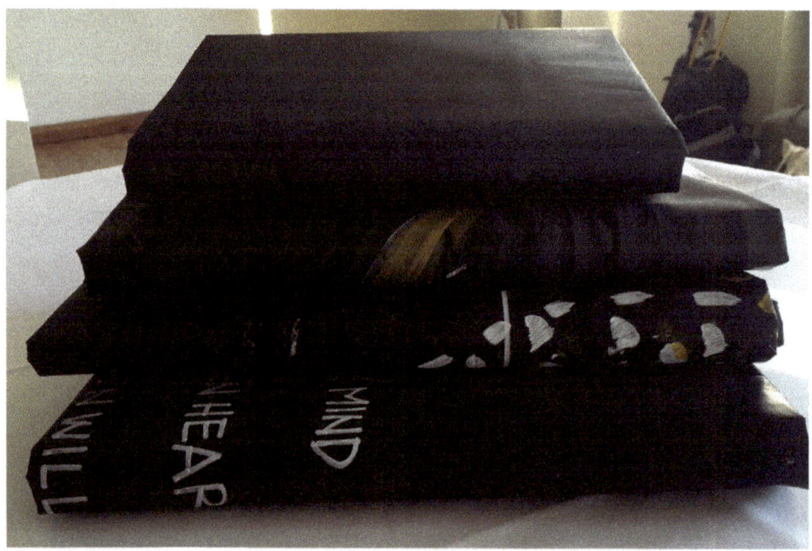

Figura 30: Distribución. Volví a doblar el dibujo en secciones, para que las diferentes partes del sistema (China, Escocia y Brasil) lo llevaran de vuelta a sus nodos locales.

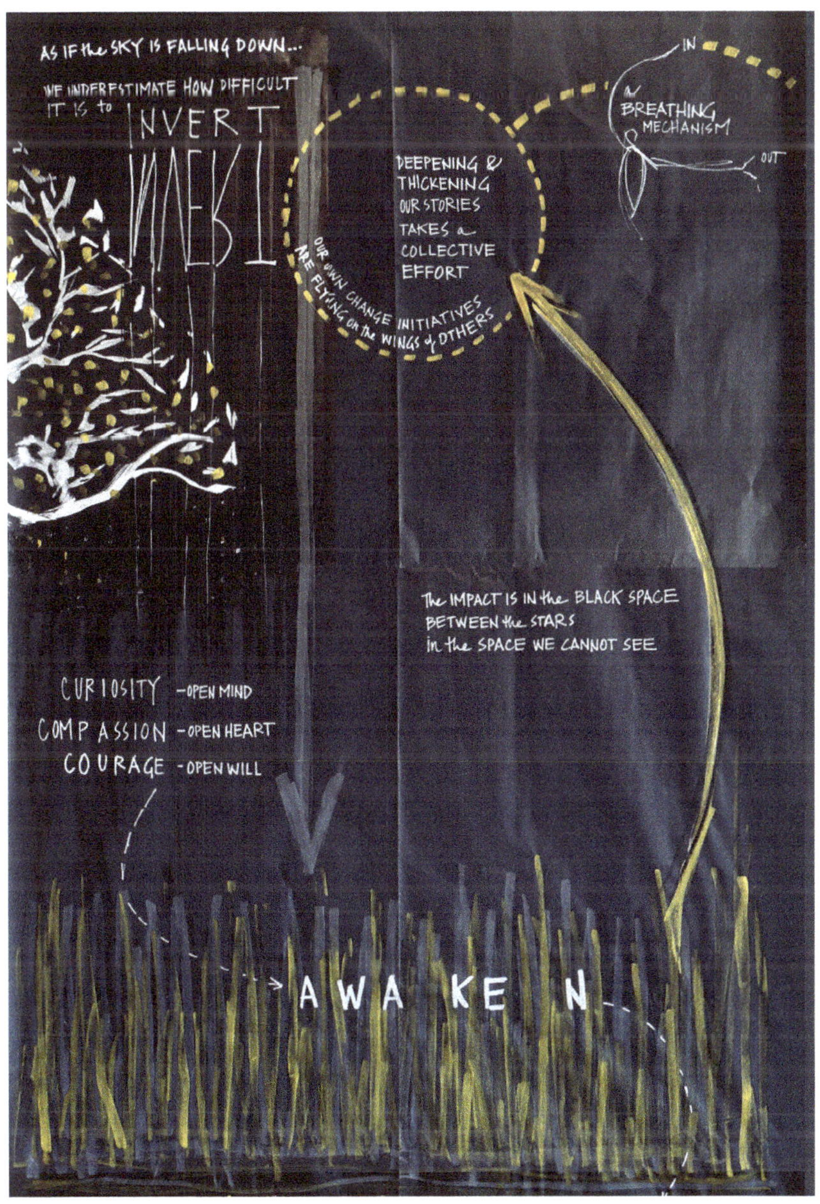

Figura 31: Confianza. Detalle de la Figura 28 y un ejemplo de confianza en que capturaría las piezas que necesitaban ser vistas juntas. "Invertir" se convirtió en un tema clave del dibujo.

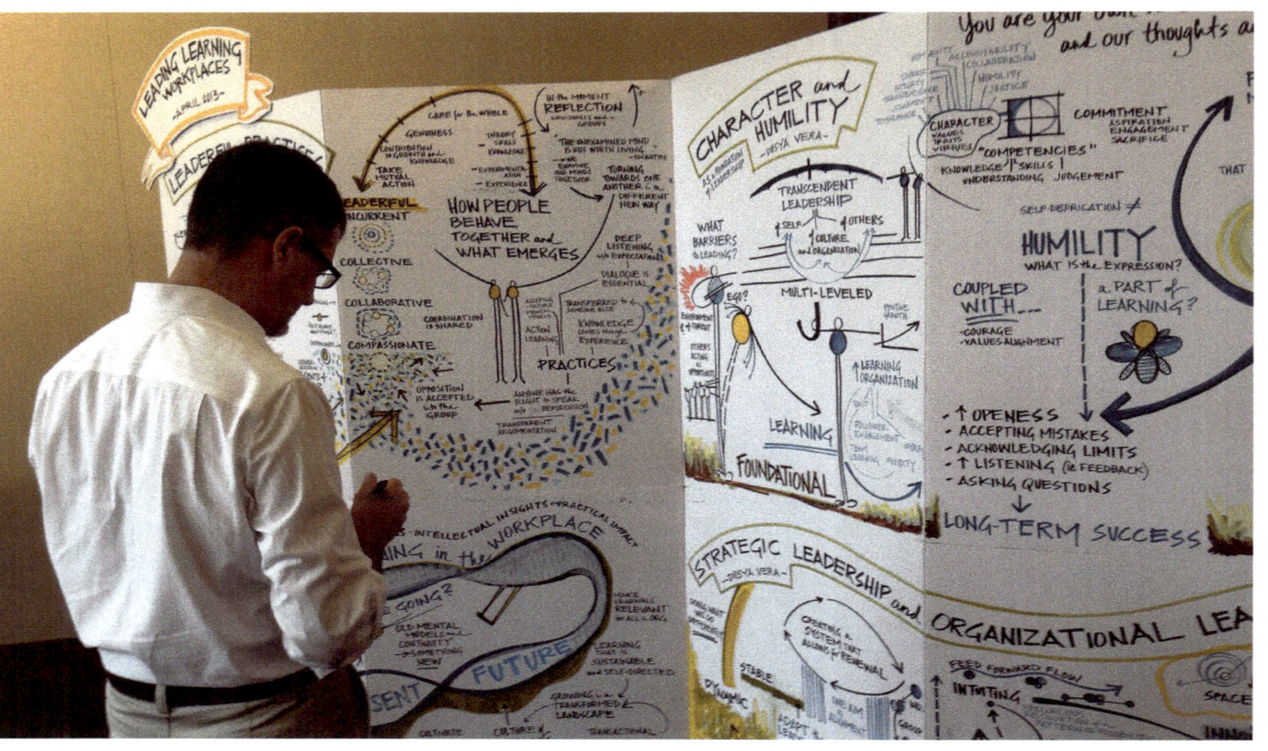

Figura 32: Reflexión. Un cliente se toma un momento para contemplar el resultado visual. 2013.

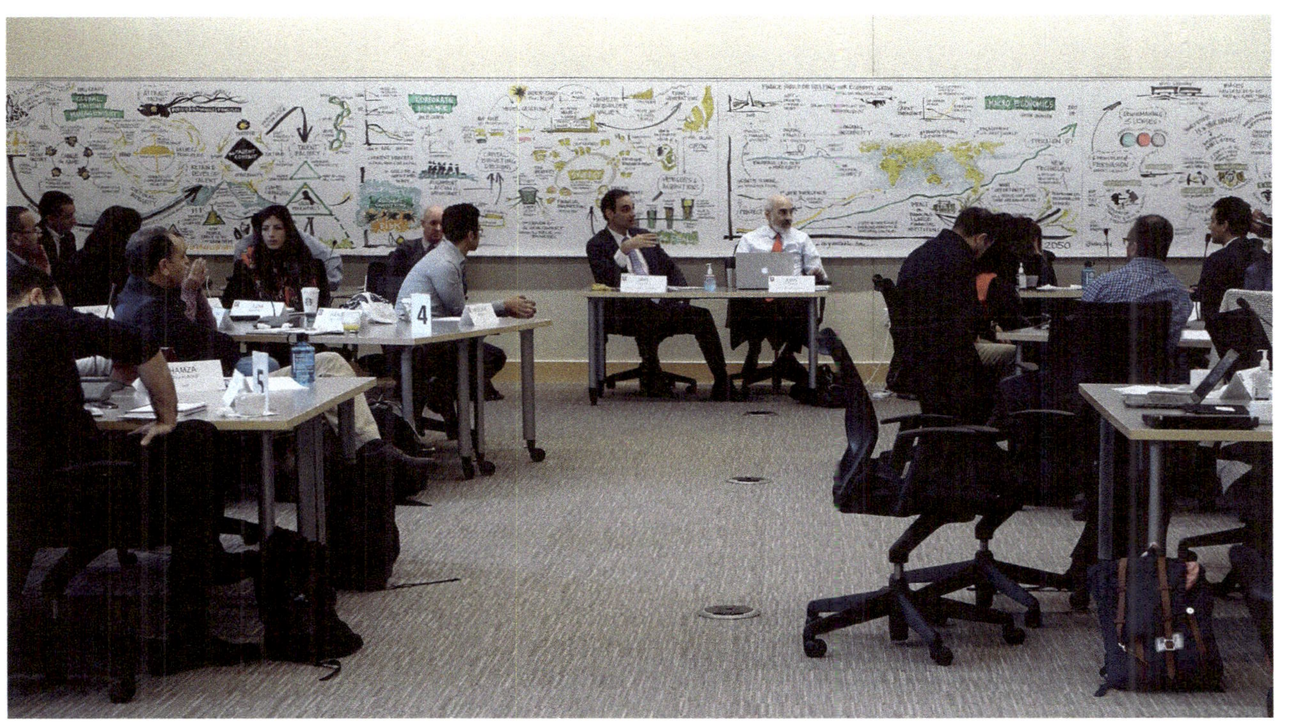

Figura 33: Aprendizaje. Estos dibujos (un tercio del dibujo completo, que rodeaba toda la habitación) ayudaron a un grupo a seguir conceptos clave durante cinco días intensivos de apsrendizaje en un programa de Educación Ejecutiva. Tinta de borrado en seco en pizarra blanca, 4 pies de alto x ~28 pies de ancho, 2014.

www.ingramcontent.com/pod-product-compliance
Lightning Source LLC
LaVergne TN
LVHW051935220826
846093LV00013B/519

* 9 7 8 0 9 9 9 7 1 7 9 2 9 *